W0306412

TINO ROSSI
MON PÈRE

Laurent ROSSI

TINO ROSSI
MON PÈRE

FLAMMARION

© Flammarion, 1993
ISBN 2-08-066830-7

Imprimé en France

Pour Constantin
et Jean-Baptiste

Paris, octobre 1982.

Le rideau était retombé sur la scène du Casino de Paris. Après l'ovation, les rappels, la séance de dédicaces... la foule se dispersait paisiblement devant le célèbre music-hall qui avait renoué, pour la circonstance, avec les feux de l'actualité. Une foule plus calme qu'autrefois, mais toujours fidèle et chaleureuse.

Ainsi que je le faisais souvent, j'étais venu le chercher pour le ramener à la maison où l'attendait Lili, ma mère. Ce soir-là, il était fatigué. Dans la voiture, il se détendit un peu, ferma les yeux. « Comme les années ont passé vite ! » chuchota-t-il, sans doute pour lui-même.

J'imaginais le film qui pouvait se dérouler dans sa mémoire. Exactement cinquante ans plus tôt, il était venu chanter dans ce même Casino. C'était sa première grande scène parisienne. Celle qui avait décidé de sa carrière. D'ordinaire, il n'aimait pas la nostalgie, les évocations, mais là ! comment ne pas faire le rapprochement ? Cinquante ans après, la boucle était bouclée. Dans son esprit, il ne s'agissait nullement de mettre un terme à sa carrière. Il disait toujours : « Je chanterai tant que les salles seront pleines. Quand je sentirai que le public me lâchera, je m'en irai discrètement, sur la pointe des pieds. » Le public ne l'a jamais lâché. Et soir après soir, le Casino était plein à craquer. Mais peut-être avait-il pressenti, au fond de lui, que c'était la dernière fois qu'il montait sur les planches. Les adieux à la scène, il connaissait, oui... ceux des autres! mais les siens!... Je me risquai à briser le silence :

– A quoi penses-tu?

– A rien. A tout ça...

Il eut un geste vague.

– En fait, je ne t'ai jamais bien raconté...

Je souris. Il était avare de confidences, même avec moi. Pas par goût du secret. Par pudeur. De temps à autre, il me livrait pourtant quelques bribes, surtout lorsque les anecdotes étaient drôles. Avec le temps, j'avais fini par connaître les détails de sa vie, de sa carrière. Mais il m'en restait encore à apprendre sur ce Corse à la voix d'or qui avait vendu des centaines de millions de disques, conquis Paris, refusé Hollywood, détourné des trains, hanté le cœur de générations de femmes et qui était devenu là-bas, dans son île de la Méditerranée, un symbole aussi fort que le Petit Caporal couronné Empereur; lui Constantin Rossi, dit Tino Rossi... mon père.

Chapitre premier

AJACCIU BELLU *

« Eh, petit ! Quelles sont les deux plus belles villes du monde ? »

Comme tous les enfants ajacciens, dès son plus jeune âge mon père s'était vu poser par les grandes personnes cette devinette autrefois rituelle. Et la réponse, non moins rituelle, devait fuser, immédiate : « Ajaccio et Paris ! »

Au début du siècle, rares étaient pourtant les Corses à connaître la capitale et si on mettait un point d'honneur à la citer, c'était pour honorer le lien de l'île au continent. Mais, au fond, tout le monde pensait que si Paris était Paris, Ajaccio serait toujours Ajaccio. Vanité abusive ? Franchement non ! Y a-t-il rien de plus beau que notre golfe d'Ajaccio ?

Avec l'avion, sitôt que l'appareil double les Sanguinaires et amorce sa descente vers la piste de Campo dell'Oro, tout d'un coup l'œil embrasse ce site magnifique, communion de la mer et de la montagne, qui sert d'écrin à la ville. Et cependant,

* Auteurs compositeurs : E. Mario, P. d'Amor, Maïstrale.

c'est en arrivant par bateau que l'émerveillement est total. Et c'est en bateau, comme le faisait mon père, que je reviens chaque été.

Parti la veille au soir des côtes françaises, le navire entre au petit matin dans le golfe déjà baigné de soleil qui ressemble à un grand lac paisible. Sur le pont, on est enivré par ce parfum unique, mélange de senteurs marines et de fraîcheur odorante descendue des maquis. « Je reconnaîtrais la Corse les yeux fermés », disait Napoléon.

Passé le promontoire surmonté de la vieille citadelle qui défendait la cité primitive, c'est l'accostage au port. Entre les hautes façades qui bordent les quais, des ruelles étroites grimpent à l'assaut du quartier où est né mon père et où il a passé toute son enfance : *U Borgo*, le faubourg.

L'artère principale du Borgo c'était, et c'est toujours, la rue Fesch. Fesch ! J'ai bien peur que ce nom n'évoque rien pour les continentaux... Mais n'importe quel Ajaccien sait que Joseph Fesch était l'oncle maternel de Napoléon, que par la faveur de son neveu il devint cardinal et que ses restes sont conservés, avec ceux de la famille Bonaparte, dans la chapelle impériale, érigée précisément rue Fesch, à quelques mètres de la maison des Rossi.

Mon père est né au numéro 43 – devenu aujourd'hui le 45 – le 27 avril 1907 à sept heures du matin. Deux sœurs, Rose et Isabelle, et un frère, Joseph, le précédaient. Quelques mois plus tôt, fin 1906, un autre garçon était mort en bas âge. Accueilli comme le consolateur, mon père hérita de son prénom : Constantin.

Après lui viendront encore deux filles, Nina et Laurence, et deux garçons, Antoine et Dominique. En tout, donc, huit enfants qui vivaient avec leurs parents dans un modeste appartement du quatrième étage : une cuisine qui faisait également office de salle de bains, un séjour et deux chambres. Il n'y avait pas encore l'électricité, ni l'eau courante. Chaque jour les garçons étaient de corvée à la fontaine et remontaient les quatre volées de marches en portant leur seau plein à ras bord.

Comme on le voit, une famille ni riche, ni très pauvre. Mais mes grands-parents travaillaient dur. Ma grand-mère, née Guglielmi, portait le prénom de l'impératrice, épouse de Napoléon III : Eugénie. Et Eugénie Rossi était l'impératrice de son foyer. Elle éleva courageusement ses huit enfants, se privant pour qu'ils ne manquent de rien, mangeant la dernière comme le voulait encore la coutume. Elle ne goûta au repos que lorsque mon père, qui la vénérait, put, la réussite venue, lui épargner son dur labeur. Eugénie est morte alors que je n'avais pas encore quatre ans, aussi n'ai-je malheureusement gardé aucun souvenir d'elle.

Mon grand-père, que j'ai encore moins connu puisqu'il a disparu avant ma naissance, s'appelait... Laurent. Il était tailleur. Aujourd'hui, seuls les gens aisés peuvent se permettre d'aller chez le tailleur. Un costume sur mesure est devenu synonyme de luxe. Mais, à l'époque, il en allait différemment. La confection en usine, le prêt-à-porter... rien de cela n'existait. L'ouvrier, tout comme le bourgeois ou l'aristocrate, recourait, pour se vêtir, aux services d'un artisan.

Alors que les tailleurs de maintenant œuvrent en étage, dans une atmosphère feutrée, la boutique de mon grand-père ouvrait de plain-pied sur la rue Fesch, à deux portes du domicile familial. Un petit atelier où travaillaient quatre couturières et une minuscule arrière-boutique au sol de terre battue pour les essayages : c'était tout.

L'échoppe de Laurent Rossi était l'un des points de rendez-vous des hommes du quartier. On entrait pour s'informer de l'avancement d'une commande ou simplement pour dire bonjour et bavarder. Voyant tant de monde, mon grand-père entendait beaucoup de choses, et bien des secrets, mais il savait garder sa langue. Il était réputé de bon conseil et jouissait d'une popularité qui lui avait valu le surnom de *Larenzu u Mere* ou encore *Larenzu u Mere di u Borgo* (Laurent-le-Maire).

Un jour, le vrai maire d'Ajaccio, Dominique Paoli, s'était arrêté devant son atelier et l'avait plaisanté : « Quelle chance tu as d'être maire à vie ! »

Digne et fier comme tout Corse qui se respecte, Laurent-le-Maire ne badinait pas avec la discipline ; il éleva ses enfants sévèrement, mais sans excès ni injustice, et tous l'aimaient profondément.

Tradition oblige, mon père aussi avait hérité d'un surnom : *U Moru* (Le Maure), parce qu'il avait le teint mat. Mais *U Moru* ne fera pas long feu ; très vite, la famille, les copains prendront l'habitude de l'appeler Tintin.

Dans ces années d'avant guerre, Ajaccio ne comptait que vingt mille habitants – le tiers d'aujourd'hui – et uniquement des Ajacciens. Autant dire que tout le monde connaissait tout le monde, et dans la rue Fesch chacun s'appelait par son prénom. Il n'y avait pas de serrures aux portes et personne n'aurait jamais songé à tourner une clé en partant de chez soi! L'automobile était encore inconnue. La charrette, pour l'utilitaire, et la calèche, pour l'agrément, constituaient les seuls moyens de locomotion. Le jour de sa communion, mon père se verra offrir sa première promenade en calèche. Un grand moment de bonheur!

Le tourisme n'existait pas, du moins pas celui, estival et massif, qui règne désormais. Les quelques touristes qui venaient jusqu'en Corse étaient des Anglais fortunés qui aimaient passer l'hiver sous notre climat. Les plus fidèles avaient fini par faire construire, et le cours Grandval, que certains Ajacciens appellent encore le « quartier des cottages », en garde le souvenir. Dès les premières chaleurs, les Anglais repartaient et les Ajacciens aisés montaient se réfugier dans leurs maisons des montagnes. Les autres se contentaient d'excursions dominicales agrémentées de pique-niques. Cette vie paisible et nonchalante allait connaître son premier bouleversement avec la déclaration de guerre contre l'Allemagne.

Un des premiers souvenirs tangibles que mon père gardait de son enfance, et qu'il m'a souvent décrit, ce fut la mobilisation générale. Il faut dire que le spectacle était suffisamment exceptionnel pour frapper durablement les esprits, même celui d'un petit garçon de sept ans. Imaginez des milliers d'hommes, une foule innombrable descendue des villages de l'intérieur, rassemblés en habits de soldats, entourés de leurs familles, attendant d'être embarqués. Au même moment, Paris et toutes les grandes villes de France voyaient se jouer la même scène. A cette différence près que partout ailleurs on se regroupait dans les gares, tandis qu'ici c'est autour du port que les hommes s'apprêtaient à partir, « la fleur au fusil », comme on disait alors, car nul ne s'imaginait que la guerre durerait, et encore moins qu'elle serait si meurtrière.

Au bout de quelques semaines, il fallut bien déchanter. Les hommes ne revenant pas, les femmes prirent leur place au travail et les privations, aggravées par les difficultés d'approvisionnement dues à l'insularité, commencèrent à se faire sentir.

Par bonheur, mon grand-père ne fut pas mobilisé. Pour deux raisons : il était de la réserve de la territoriale et il avait sept enfants vivants – Dominique naîtrait un peu plus tard. Rose, l'aînée, était déjà une grande et belle fille de dix-neuf ans, mais les autres s'échelonnaient entre treize ans pour Isabelle et six mois pour la petite dernière, Laurence.

De Laurence, justement, mon père conservait un autre souvenir datant de la même époque. Il se revoyait, penché sur le berceau du bébé, lui chantant des *nanne* (berceuses) pour l'endormir : airs doux et nostalgiques appris auprès de sa grand-mère paternelle qui elle-même devait les tenir de ses aïeux. La berceuse qu'il préférait s'appelait *Ninni Nanna* :

Ninina, la mio diletta,
Ninina, la mio speranza

(Dodo ma chérie)
(Dodo mon espoir)

Laurence s'endormait dès les premières notes, mais le reste de la famille restait suspendu aux lèvres du garçonnet jusqu'à la fin de la chanson. Par fidélité à ce souvenir émouvant, *Ninni Nanna* figurera sur le premier disque de mon père!

Toutefois, personne, et certainement pas le petit Tintin, ne songe encore à une carrière de chanteur. Mais puisqu'il chante juste et avec une belle voix, on va l' « enrôler » pour toutes sortes d'occasions : à l'église, comme enfant de chœur, dans les banquets familiaux ou les réunions amicales et politiques.

Il faut dire que mon grand-père était un farouche bonapartiste et que toute la famille partageait ses idées. Sans être militant comme lui, mon père resta lui-même toute sa vie un sympathisant du camp bonapartiste. Pour le reste, il ne s'est jamais mêlé de politique politicienne. Cela ne l'intéressait pas, mais il avait des amis dans tous les camps, aussi bien Gaston Defferre et Joseph Franceschi que Pierre Pasquini ou Achille Perretti...

Qu'est-ce au juste qu'un bonapartiste? doivent déjà se demander mes lecteurs continentaux, perplexes. Je serais bien en peine de leur expliquer. Les Corses sont réputés pour ne rien faire comme les autres et on sait bien qu'en politique ils savent se surpasser. Eh bien, le bonapartisme est une couleur strictement corse et il faut être corse pour savoir la distinguer, voilà! A l'époque, Ajaccio était coupée en deux : les bonapartistes contre les républicains. Mais attention, les bonapartistes n'étaient pas anti-République! Les deux camps se répartissaient les cafés de la ville, en particulier les établissements prestigieux du cours Napoléon; les républicains se réunissaient au Solférino, tandis que les bonapartistes fréquentaient le Roi Jérôme puis le Grand Café.

Avec quelques amis du parti, mon grand-père partageait une maison de campagne dans les collines, au Vittulo et comme il se doit, on l'avait baptisée « L'Aigle », ils s'y retrouvaient en famille les samedis et dimanches de la belle saison. Parfois, la réunion était élargie et plus d'une centaine d'hommes, de femmes et d'enfants pique-niquaient dans la bonne humeur tandis que flottait au vent le drapeau bonapartiste. Mon père connaissait par cœur les paroles de *L'Ajaccienne*, célèbre chant napoléonien composé sous le règne de Louis-Philippe, et il les entonnait avec une flamme qui soulevait l'enthousiasme.

Ces années-là sont aussi celles de l'école. Comme ses frères, Constantin est inscrit au collège Fesch. Il s'agit de l'ancien collège, devenu musée, et qui jouxtait la chapelle impériale. Les studieuses heures de cours à l'écoute des maîtres ne le séduisent guère; aux vertus de la classe, il préfère les délices de l'école buissonnière. Avec quelques camarades, il prend vite l'habitude de s'échapper, sitôt l'appel fait. Il fallait souvent ruser, car les grilles du collège s'ouvraient en face de l'atelier de Laurent Rossi! L'aventure se conclura un jour par une fessée carabinée qui ne réconciliera pas pour autant mon père avec les études.

L'un de ses camarades s'appelait Jean Orsoni. Il était né au 40 de la rue Fesch et toute sa vie il resta l'ami de mon père. Orsoni m'a vu naître et grandir et je le regarde un peu comme un oncle. Lui et Minesch Uschiatti, un autre ami de mon père de la même génération, m'ont raconté la vie d'Ajaccio – leur vie –, durant ces années-là. Et Orsoni se souvient combien mon père s'intéressait peu aux cours : « Un jour, alors que nous étions tous en train de pâlir sur une version latine, il a sorti tranquillement une boîte de pastels et s'est mis à dessiner. J'étais stupéfait : aucun de nous n'aurait eu l'idée de dessiner, ce qui prouve qu'il avait bien un tempérament artiste. »

Les jeux que ces gosses s'inventaient au-dehors – et, en Corse, il fait toujours beau pour être dehors – étaient autrement passionnants que la *Vie des Douze Césars*. Sur cette partie du port qui ne s'appelait pas encore le port de plaisance... Tino-Rossi, de gros rochers leur servaient de perchoirs pour plonger, pêcher de petites araignées de mer ou tout bonnement se régaler d'une animation perpétuelle. Plus encore que le cours Napoléon ou la place du Diamant, le port était le cœur vivant de la cité. On y voyait surgir de grosses barcasses qui apportaient les délicieux fromages des bergers de Sardaigne; ou les paysans descendus à dos de mule des vallées environnantes pour vendre leurs produits au marché couvert qui donnait sur le port (ce marché, désaffecté, abrite aujourd'hui les services de l'état civil). Un peu plus loin, on trouvait le lavoir des femmes dont les coups de battoir énergiques et les interpellations bruyantes couvraient la voix des marins. Et puis il y avait bien entendu l'embarcadère des paquebots de la compagnie Fraissinet qui, trois fois par semaine, reliaient l'île au continent, terre de tous les rêves. Pour les jeunes hommes célibataires, l'arrivée du bateau était chaudement attendue. En ce temps-là, les filles étaient sévèrement gardées à la maison, et le déshonneur accablait toute la famille de celles qui s'avisaient de folâtrer avant le mariage. Heureusement, quelques touristes ou continentales amenées par le bateau compatissaient à l'appétit des ardeurs viriles...

Parfois, les jeux des enfants tournaient à la bagarre généralisée entre gosses des différents quartiers. C'est une très ancienne tradition corse puisque l'on raconte que le jeune Bonaparte prit part à ces combats et qu'il y fit son apprentissage de la tactique et du commandement. C'est au cours de l'une de ces batailles rangées où, enrôlé dans la bande des Trois Maries, il marchait contre ceux de la Cathédrale, que mon père reçut au front, à la lisière des cheveux sur le côté droit, une pierre qui lui laissa une petite cicatrice que l'on distingue nettement sur certaines photos.

Ces bagarres, pour rudes et sévères qu'elles fussent, n'étaient au fond que des batailles pour rire. La haine était inconnue de ces enfants qui n'ignoraient pas leur chance de grandir dans un environnement exceptionnel.

Avec sa voix forte, persuasive – il a été juge d'instruction puis conseiller à la cour d'appel de Paris –, Jean Orsoni me ferait presque regretter de n'avoir pas été là, avec eux : « Tu comprends,

Laurent, nous n'étions pas riches, mais nous avions l'indépendance, le plein air, la liberté et nous avions ÇA ! – et dans un grand geste théâtral il me désigne le golfe éclaboussé de soleil –; nous nous sentions tous à égalité et dès que quelqu'un avait trois sous, on les partageait. »

Avec ces trois sous, le plaisir suprême était d'aller chez Ernest Colombo, cours Grandval, louer des bicyclettes pour une promenade sur la route des Sanguinaires. Fameuse figure d'Ajaccio, Ernest Colombo fut le génial inventeur du vélo aquatique, ancêtre du pédalo. La démonstration eut lieu un jour de l'été 1913, alors que toute la ville s'était massée sur le port pour assister au spectacle. Un photographe a immortalisé la scène : on voit Ernest, en smoking, s'il vous plaît, juché au milieu des flots sur un vélo arrimé à deux gros flotteurs qu'il avait commandés à un ferblantier. Après un tour du port, Ernest prêta son invention aux spectateurs les plus intrépides et ce fut pour tout le monde une journée mémorable.

Avec leurs prosaïques bicyclettes terrestres, mon père et ses camarades partaient donc sur la si belle route des Sanguinaires. Leur halte préférée était le Scudo *, vaste propriété en bord de mer mais abritée du vent appartenant au parfumeur Coty. Le Scudo n'était pas clôturé et chacun pouvait profiter du lieu. L'usage voulait que tous les dimanches de Pâques les Ajacciens s'y rendissent pour une gigantesque oursinade. Posées leurs bicyclettes, les garçons lézardaient sur la

* Marcel Pagnol affirmait que le nom « Scudo » venait du latin *scutum*, le bouclier. Les pêcheurs s'y abritaient par gros temps.

plage, se baignaient tout nus ou s'amusaient à l'ombre des grands pins. Ils rentraient le soir le ventre plein, ayant fait bombance d'un régal fruité et nourrissant : des petits crabes de rochers qu'ils avalaient tout crus, pour le plaisir de les sentir craquer sous la dent. Un jour, mon père déclara avec conviction à ses camarades : « Plus tard, quand je serai riche, j'achèterai le Scudo et j'en ferai un paradis ! »

Les années passent et les jeux vont changer. Avec l'adolescence vient le moment où l'on commence à s'intéresser aux filles. En Corse, à cette époque-là, on séduisait encore les demoiselles en leur donnant des sérénades. Et là, Tintin va chanter plus souvent qu'à son tour !

Cette tradition s'est perdue depuis, et mon père le regrettait. Quand je devins adolescent à mon tour, on ne jurait déjà plus que par les surprises-parties, mais il me racontait comment cela se passait de son temps. L'après-midi, on répétait soigneusement dans quelque endroit discret les chansons qu'on dédierait le soir à la belle, et vers les minuit, accompagné de mandolines et de guitares, on partait vers la maison de la bien-aimée. Ces sérénades se passaient toujours dans le noir – puisqu'il n'y avait pas d'électricité ! – ou, quand la date le permettait, à la faveur d'un romantique clair de lune.

Ses camarades avaient très vite jugé le parti qu'ils pouvaient tirer de mon père : un physique avenant, une belle voix, il n'était pas désigné pour le rôle de Cyrano ! Mais lui, trop heureux d'avoir tant d'occasions de chanter, acceptait volontiers d'« appâter » les demoiselles pour le profit d'autrui.

Son répertoire allait des chansons corses traditionnelles (*O Ciuciarella*) jusqu'aux airs d'opéra (*La Romance de Nadir*, des *Pêcheurs de perles*) en passant par les bluettes à la mode, venues du continent. Où mon père avait-il appris autant de chansons? La réponse est simple : partout autour de lui. Les Corses sont l'un des peuples les plus lyriques de la terre, autant sinon plus que les Italiens. Même le plus humble paysan peut se révéler un grand amateur de bel canto.

Pendant cette période insouciante d'entre les deux guerres – les bientôt fameuses « Années folles » –, tout le monde chantait ou sifflotait. L'ouvrier sur son chantier, le berger avec ses bêtes, les femmes dans leur cuisine ou à leurs travaux d'aiguilles... C'était un peu la même chose sur le continent, mais l'effet était magnifié ici par la clémence des cieux. Tout Ajaccio fredonnait, l'air embaumait la chanson et la rue Fesch était une kermesse perpétuelle.

Les chansons corses, mon père les tenait, on l'a vu, de sa grand-mère, mais également des pêcheurs qui ravaudaient leurs filets sur le port en ressassant de vieilles complaintes folkloriques. Les airs d'opéra, il les avait découverts en accompagnant son père au théâtre Saint-Gabriel. C'était quelque chose alors que ce théâtre Saint-Gabriel. Le 29 avril 1862 on y avait donné *Le Trouvère* de Verdi devant Napoléon III et l'impératrice Eugénie et les meilleures troupes d'Europe – y compris la Scala de Milan – s'y étaient succédé. L'acoustique était paraît-il excellente et le public toujours très enthousiaste. Détruit par un incendie en 1927, le théâtre Saint-Gabriel ne fut jamais reconstruit. Ajaccio n'eut plus jamais d'opéra. C'est la Grande Poste qui occupe son ancien emplacement...

Quant aux bluettes, « Tintin » les avait apprises en fréquentant l'atelier de son père. Il pouvait passer des heures à regarder travailler les cousettes, fasciné par leur compagnie. Tandis que leurs doigts minutieux couraient sur le tissu, comme doués d'une vie propre, elles étaient toujours à rire et à fredonner. Ce sont elles qui lui ont donné l'amour de la chanson populaire et c'est de leurs bouches qu'il entendit pour la première fois un succès de Vincent Scotto, dont la carrière parisienne était déjà bien établie : *Quand on aime, on voit tout en rose.*

Ces « refrains à la mode », lancés depuis le continent, se transmettaient par le bouche à oreille et ils avaient tôt fait de traverser la mer. Quelques Ajacciens possédaient un électrophone à pavillon mais ils étaient rares. Quant à la radio, balbutiante, elle n'était pas encore arrivée dans l'île, pas plus que l'électricité. A la place, il y avait ce qu'on appelait les « petits formats », sortes de livrets très bon marché sur lesquels étaient imprimées les paroles et les musiques des succès du moment. Ils étaient repris par les chanteurs de rue, notamment un couple d'aveugles, pour le grand plaisir de mon père. A Ajaccio on les trouvait notamment chez Minighetti, cours Napoléon, et chaque arrivage du continent provoquait la ruée. Dès l'âge de treize ans, Constantin était devenu un habitué de Minighetti.

Les petits formats ne l'intéressaient que pour les paroles. Il ne savait pas lire la musique mais cela ne lui était pas nécessaire : il lui suffisait d'avoir entendu une fois un air pour être capable de le restituer. « Ton père, il est né avec son trésor dans la gorge! » m'a souvent répété Jean Orsoni, et il a tout à fait raison. Constantin Rossi avait un don, et ses camarades pouvaient en constater l'effet magique sur les jeunes filles lors de ces sérénades adolescentes dont il était devenu le héros.

Une nuit, il parvint même à faire ouvrir leurs volets aux jeunes filles internes du cours secondaire malgré la discipline de fer imposée par leur directrice qui leur interdisait de se montrer aux garçons à pareille heure. Mais, quasiment envoûtées par sa voix, qu'elles reconnaissaient entre toutes, elles tentèrent d'apercevoir ses traits. Peine perdue : il faisait trop sombre! Plus tard, Pagnol expliquera ce phénomène par le fait que la voix de Tino agissait sur les hormones des femmes!

Déjà, mon père affole les cœurs, mais son extrême timidité, dont il ne se départira jamais, même au faîte de sa gloire, lui joue de mauvais tours quand il entreprend de chanter pour son propre compte.

L'année de ses dix-sept ans, l'élue de son cœur se prénomme Colette. Un soir, il vient chanter sous ses fenêtres et tout ce qu'il récolte, c'est un seau d'eau lancé par un voisin irascible! Quelques jours plus tard, Constantin et Colette se retrouvent quand même sous les pins du Scudo. Il tente d'obtenir un baiser, mais sans succès. L'espiègle Colette enferme son vélo dans un cabanon et lance la clé dans la nature. Tintin dut rentrer en ville à pied, sous un soleil de plomb. Il ne garda pas rancune à la jeune fille : ils restèrent amis et continuèrent de se fréquenter même lorsqu'il fut devenu célèbre.

La célébrité, pour l'heure, elle est encore loin. Malgré ses succès aux sérénades, et le plaisir évident qu'il éprouve à chanter, mon père n'a toujours pas songé à s'en faire une carrière. Pas plus que son entourage, comme le montre une anecdote amusante.

A l'étage juste en dessous du logement de mes grands-parents vivaient les Bozzi. La femme Bozzi, « madame Sylvie », était cartomancienne. Un jour que ma grand-mère se trouvait chez elle dans l'espoir d'en savoir plus sur les déboires conjugaux de son fils aîné, Joseph, madame Sylvie s'était écriée, en entendant Tintin dévaler l'escalier en chantant à tue-tête : « Celui-ci sera célèbre. On en parlera dans le monde entier ! » Ma pauvre grand-mère, effrayée, s'était signée sur-le-champ. Dans son esprit, si un Corse se rendait célèbre, ce ne pouvait être que pour de mauvais motifs. Elle ne pouvait imaginer que son fils serait bientôt baptisé « Le Napoléon de la chanson » et elle craignait bien davantage qu'on ne dise, en parlant de lui : « *U Banditu* » (le bandit) !

La vérité, c'est qu'à l'approche de ses dix-huit ans, mon père n'a toujours aucune idée de ce qu'il compte faire. Du moins est-il fort de deux certitudes : il ne veut pas continuer l'école et il ne souhaite pas davantage apprendre le métier de tailleur, pour lequel il ne se sent aucune attirance. De toute façon, Joseph assure la relève paternelle.

Mais, puisqu'il abandonne les études, il lui faut commencer à gagner sa vie. Son premier travail : employé aux écritures au service des hypothèques. De là il passera dans une étude d'avoué à compulser des dossiers poussiéreux. Pour se sauver de l'ennui, il chante ou écoute les autres chanter.

Aussi souvent qu'il le peut, il s'offre un fauteuil au théâtre Saint-Gabriel. Dans la rue, il prête l'oreille à un couple d'aveugles qui vont de place en place égrener les refrains à la mode pour récolter les pièces de monnaie qui les nourriront. Quelques années plus tard, revenant à Ajaccio auréolé de sa gloire naissante, il retrouvera ce couple d'aveugles sur la place du Diamant. Et cette fois, ils interprétaient ses succès. Il en pleurera d'émotion.

Il y a enfin ces bars typiquement ajacciens où l'on chante à l'heure de l'apéritif ou en soirée. L'un d'eux, le bar André, fait face au 43, rue Fesch. Fréquenté par une poignée d'habitués virtuoses de la guitare, le bar André devient le point de ralliement du jeune Constantin Rossi.

En ce printemps 1925, mon père trouve un autre dérivatif à la tristesse d'un travail monotone : sa première escapade sur le continent. Avec quelques camarades, ils ont fondu leurs économies pour s'offrir un billet de quatrième classe sur le *Cyrnos*, paquebot à moteur de la compagnie Fraissinet qui effectue la liaison avec Nice.

La visite-découverte durera deux jours. Le temps de faire la tournée des bars corses et de s'émerveiller de tant de luxe inconnu à Ajaccio et déjà il faut repartir, faute d'argent. Ils rentrent les poches vides mais la tête pleine de souvenirs.

Heureusement, l'été arrive et avec lui son cortège de réjouissances quotidiennes. Chaque fin d'après-midi, à l'heure sacro-sainte de l'apéritif, l'usage était de se mettre sur son trente et un pour venir se montrer et déambuler le long du cours Napoléon avant de s'asseoir à la terrasse d'un café. Tous sacrifiaient à ce rite. Même l'ouvrier, son travail terminé, rentrait chez lui se changer et ressortait en costume. Le caractère latin ajouté à l'insularité – plus on est loin du centre de l'élégance, plus on veut s'en rapprocher – ont beaucoup influencé la tenue des Corses. « Le Corse a toujours su bien s'habiller, clame Orsoni, qui est lui-même un modèle d'élégance. Je n'oublierai jamais ce charretier qui ravitaillait les villages environnants en épicerie. Avec sa chemise écossaise à grands carreaux, son gilet de velours, son écharpe rouge, le tout impeccable, il avait une allure qui n'avait rien à envier aux stylistes du faubourg Saint-Honoré ! »

Aux terrasses des cafés du cours Napoléon, des orchestres interprètent les airs à la mode dont tout le monde reprend le refrain. Au café Napoléon, cette année-là, c'était un orchestre uniquement féminin qui jouait. Jean Orsoni se souvient de « cinq femmes vêtues de blanc et venues du continent ». Mon père n'avait d'yeux que pour la blonde violoniste. Elle s'appelait Annie, il en tomba amoureux et la saison finie, malgré les pleurs de sa mère et les mises en garde de son père, il décida de la suivre.

Ce départ était un saut dans l'inconnu. Débarqué à Marseille, le jeune couple gagna aussitôt Menton où Annie avait un engagement. Constantin, lui, n'y connaissait personne et, faute d'une formation à faire valoir, il ne trouva pas d'emploi. Le service militaire vint mettre provisoirement un terme à cette situation précaire. Incorporé dans les chasseurs alpins, précisément à Menton, la République allait lui offrir le gîte et le couvert pendant dix-huit mois. Sa satisfaction d'être enrôlé sur place fut de courte durée ; au bout de quelques semaines Annie est requise à Toulon pour un autre engagement.

Séparé de sa compagne, de ses parents, de ses amis d'enfance, de la Corse enfin, mon père, pour chasser le spleen, chantonnait étendu sur son lit. Il s'aperçut bientôt que ses camarades de chambrée faisaient silence dès qu'il commençait à donner de la voix. C'est un peu à ce moment-là, devait-il me raconter plus tard, qu'il a commencé à entrevoir le pouvoir de son chant. Pour la première fois il était confronté à un public *non corse* qui appréciait visiblement ses berceuses et l'encourageait à continuer dès qu'il faisait mine de s'arrêter. Pour autant, il ne pense toujours pas à en faire son métier.

Libéré au printemps 1927, il rallie Toulon où il épouse Annie. Mariage discret auquel les copains n'ont pas été invités. Un jour, Minesch Uschiatti, de passage à Toulon, croise par hasard dans la rue Joseph, le frère aîné. Il lui apprend qu'il est venu pour le mariage de Tintin, qui doit avoir lieu le lendemain !

De ce mariage naîtra à l'automne 1927 ma demi-sœur, Pierrette. Mais Constantin ne parvenant pas à trouver le moindre travail, il doit se résoudre, la mort dans l'âme, à rentrer à Ajaccio où il sait qu'il aura plus de chances de s'en sortir.

Il quitte Annie en espérant qu'elle le rejoindra pour la saison d'été. En fait, elle ne revint pas et le divorce fut prononcé à l'automne. Leur mariage avait duré six petits mois. Annie et Tino restèrent cependant toujours en bons termes, et Pierrette, qui vivait chez sa mère, près de Nice, retrouvait son père dès qu'il descendait sur la côte. Quand elle fut plus grande, Pierrette devint comédienne et même une très bonne comédienne; elle joua notamment dans la célèbre troupe des Branquignols fondée par Robert Dhéry et Colette Brosset. Cette troupe regorgeait de talents prometteurs : Jean Carmet, Christian Duvaleix, ainsi que l'illustre Louis de Funès... Tino était très fier de Pierrette et lui prédisait une belle carrière. Puis elle rencontra celui qui allait devenir son mari et le suivit à l'étranger, choisissant de ne plus se consacrer qu'à sa vie familiale. Plus tard, elle revint en France, devint speakerine à France Inter et nous nous vîmes souvent. Nos rapports étaient chaleureux, directs. Avec son père elle n'a jamais cessé d'être intimement liée.

Le retour rue Fesch n'était pas glorieux. Mon grand-père eut la délicatesse de ne pas le faire sentir. Mieux, il aida son fils à remettre le pied à l'étrier en lui procurant, par ses relations, un emploi au casino d'Ajaccio, en qualité de changeur.

Construit en bord de mer, l'établissement est luxueux et résonne des bals qui y sont fréquemment donnés. Constantin se plaît dans cet univers où il va rencontrer sa seconde femme, Faustine, la secrétaire du directeur, aussi brune qu'Annie était blonde.

Le nouveau couple s'installe d'abord dans un deux-pièces puis à l'hôtel Miramar, nouvellement construit (aujourd'hui l'hôtel Bella Vista) qui appartient à un ami.

Entre-temps, Ajaccio a connu un grand événement : l'arrivée de l'électricité ! L'inauguration a eu lieu le 10 octobre 1928, à la tombée de la nuit comme on s'en doute. La population s'était rassemblée place du Diamant pour entendre l'évêque, juché sous le kiosque à musique, s'écrier : « Que la lumière soit ! » Et une lumière – toute païenne, puisqu'elle venait de la centrale –, fut...

Un an plus tard, le casino brûle et revoilà Tintin au chômage. Dans l'espoir d'être embauché au casino d'Aix-en-Provence, il décide de repartir pour le continent. Cette fois, c'est lui qui donne le mouvement et Faustine suit. Il a alors vingt-deux ans. Sa jeunesse nonchalante ne pourra pas se prolonger éternellement. Il le sait. Ce second départ – exil, devrait-on dire – ressemble à un dangereux quitte ou double. Pourtant, le destin lui a donné rendez-vous. Mais il ne le sait pas encore.

Chapitre II

MARSEILLE, MON PAYS *

Pour la seconde fois, Constantin débarque donc à Marseille. En octobre 1927 il n'avait fait qu'y passer, puisqu'il filait droit sur Menton, avec Annie. Cette fois encore, il ne comptait pas y rester plus que le temps d'une courte halte. Mais à peine débarqué, il apprend que, malgré les recommandations en sa faveur, il n'y aura pas de place pour lui au casino d'Aix. Pour cette raison, Marseille devient le cadre imposé d'une longue et pénible étape : n'ayant plus aucun endroit où aller, il décide de se fixer près du Vieux-Port. Avec Faustine, ils emménagent dans une modeste chambre meublée du quartier des Réformés, tout en haut de la Canebière. C'est alors que commence la période la plus noire de la vie de Tino. Elle dura peu – à peine plus d'un an – mais quand on tire le diable par la queue, les jours vous paraissent des semaines et les semaines, des années. Par pudeur, il répugnait à raconter ces heures sombres; la vie l'avait tant comblé,

* V. Scotto, R. Sarvil, M. Janier.

ensuite, qu'il trouvait presque indécent de rappeler qu'avant d'être célèbre il avait mangé de la vache enragée.

Pour survivre, il lui fallut faire trente-six métiers, comme voiturier ou même plongeur dans un restaurant du cour Belsunce. Aucun de ces emplois ne tenait longtemps et souvent, trop souvent, il se retrouvait sur le pavé.

Marseille, à cette époque, était déjà la deuxième ville de France. Capitale du Midi, c'était également la porte de l'Orient. Dans son port, en perpétuelle effervescence, arrivaient et partaient la plupart des bateaux qui reliaient la métropole à ses colonies d'Asie ou d'Afrique. Ville cosmopolite, riche de son commerce, elle bruissait aussi d'une vie culturelle bourdonnante qui n'avait rien à envier aux bords de Seine. Tout cela, mon père n'eut pas l'occasion d'en profiter. Quand on est pauvre et qu'on ne sait pas de quoi demain sera fait, l'horizon se limite aux obsédantes préoccupations matérielles du moment. Avec Faustine, ils s'accorderont tout de même le plaisir d'aller voir, dès sa sortie, *Marius*, ce premier chef-d'œuvre du cinéma français parlant ; à ce moment-là, mon père ne pouvait guère deviner qu'il deviendrait quelques années plus tard l'un des plus proches amis de Marcel Pagnol et même un jour – hélas – son exécuteur testamentaire.

Marseille c'était également d'une certaine manière la capitale de la Corse, tant les insulaires étaient nombreux à s'y être établis. Un grand nombre fricotait du reste avec le Milieu, qui y tenait déjà son quartier général. Poussé par le dénuement, mon père aurait pu verser de ce côté-ci de la barrière, et donner ainsi corps aux craintes de sa mère après la prédiction de la voyante. Mais quitte à fréquenter ses compatriotes, il va préférer les camarades de son âge inscrits à l'université d'Aix.

Entre autres particularités amusantes, les Corses ont toujours maintenu la balance égale entre gendarmes et voleurs. Pendant que les *Banditu* régnaient à Marseille, la faculté de droit d'Aix comptait dans ses rangs un fort contingent d'étudiants corses appelés à devenir avocats, bâtonniers ou juges d'instruction – comme Jean Orsoni. Fréquentant les mêmes lieux, ayant pris l'habitude de toujours sortir ensemble, ils constituaient un véritable clan insulaire.

C'était un tramway qui faisait alors la liaison entre Aix et Marseille. Il fallait compter deux heures d'un voyage pittoresque et cahotant : quand le mistral se déchaînait, les wagons tanguaient comme un bateau et menaçaient constamment de verser sur le bas-côté. En bout de ligne, mon père retrouvait ses amis au Terminus, dont ils avaient fait leur repaire. Il y avait là Dominique Stefanaggi, Raymond Filippi, Alfred Albertini, Jean Orsoni et bien d'autres.

La patronne du Terminus adorait les chansons, aussi témoignait-elle beaucoup d'indulgence à ces jeunes gens bruyants et un peu chahuteurs mais qui n'achevaient jamais une soirée sans reprendre en chœur les grands classiques de leur folklore en s'accompagnant à la guitare. C'est ce commun amour de la chanson qui leur avait fait adopter Tino comme l'un des leurs, lui qui n'avait pourtant même pas décroché son bachot et subsistait tant bien que mal de petits boulots non qualifiés. Seulement « Tintin », avec sa voix de ténor léger – on disait alors « ténorino » –, n'avait pas son pareil pour tirer à ces futurs « ténors du barreau » une larme de nostalgie et de bonheur mêlés quand il entonnait *Ajacciu Bellu* ou *L'Ajaccienne*.

C'est à l'occasion d'une de ces chaudes soirées du Terminus que Tino reçut les conseils profitables d'une ancienne basse de l'Opéra, d'origine italienne, Adrien Legros, qui se trouvait là par hasard. Ayant discerné en l'écoutant chanter un don naturel qui méritait d'être mis en valeur, il lui apprit à mieux respirer et à poser sa voix pour qu'elle ne fatigue pas.

Comme par magie, les bonnes rencontres vont dès lors se succéder. Adrien Legros, devenu un grand ami de mon père – et il le restera jusqu'à sa mort –, avait lié son sort à une troupe itinérante dont le pianiste-accompagnateur répondait au nom de Vadon. Conquis pareillement par le talent de Tino, Vadon s'offrit à le présenter à son patron, Petit Louis.

Personnage joufflu et rondouillard, jeune encore – dans la trentaine – mais à qui son physique donnait une allure bonhomme, Petit Louis était l'homme-orchestre de cette troupe qui sillonnait inlassablement les villages du pays aixois. C'est lui qui choisissait l'étape, la salle – ou ce qui en tenait lieu –, qui s'occupait des affiches et de la publicité, c'est lui également qui encaissait les entrées et réglait le cachet des « artistes », moitié professionnels sur le retour, moitié amateurs, qu'il avait bien sûr lui-même engagés.

Il lui suffit d'entendre Tino dans quelques couplets pour se convaincre qu'il faisait une bonne affaire en l'ajoutant à son spectacle. Il ne restait qu'un seul problème à régler : celui du nom. Constantin Rossi c'était trop long, et surtout ça ne faisait pas « vedette ». C'est mon père qui proposa *Tino*. Il s'était souvenu que, lors de sa confirmation, l'évêque, en le bénissant, avait prononcé « Constan-tino ». Bienheureux lapsus ! Grâce à lui Tino Rossi était né. De ce jour où il travailla pour Petit Louis, personne ne lui donna plus jamais du « Tintin », exceptés les vieux de la rue Fesch, qui l'avaient connu en culottes courtes et qui ne changèrent jamais leurs habitudes.

Les habitants de Lauris, un tout petit village du Lubéron en surplomb de la Durance, payèrent les premiers pour entendre chanter mon père. Petit Louis, qui avait le sens de la formule, avait titré sur les affiches : « Tino Rossi, le Roi des chanteurs de charme ».

Majesté toute relative, car l'affiche était surmontée du nom écrit en très grosses lettres d'un commerçant de la région et baptisé par le même Petit Louis, « Le Roi de la chaussure ». C'est bien sûr lui qui avait payé les affiches... mais le Roi de la chaussure ne laissa pas son empreinte dans l'histoire, tandis que le « chanteur de charme » allait suivre son bonhomme de chemin.

Les spectateurs de Lauris, comme d'ailleurs tous ceux que visitait la tournée de Petit Louis, étaient de simples artisans ou paysans. Autrement dit un public acharné au travail, âpre au gain, qui s'offrait rarement des loisirs et ne s'en laissait pas conter. S'ils aimaient ce qu'on leur proposait, ils le manifestaient bruyamment et avec chaleur. S'ils n'aimaient pas, ils ne se gênaient pas pour le faire comprendre! Et à Lauris, heureusement, ils s'enthousiasmèrent pour les deux chansons qu'avait choisies mon père – *Souviens-toi* de Saint-Granier et *La Romance de maître Pathelin* – au point qu'il dut les bisser.

De samedi en samedi, de village en village, le jeune Roi des chanteurs de charme va ainsi faire « ses classes » auprès du public le plus coriace qui soit, et en même temps le meilleur, car le plus vrai. Chaque nouvelle étape apportait son lot de surprises. Aujourd'hui, même le bourg le plus modeste possède sa « salle polyvalente ». Il en allait tout autrement alors. Les salles des fêtes étaient rares. Souvent, la représentation était donnée dans les arrière-salles de cafés. Une fois, la « scène » avait été plantée dans une remise qu'un rideau de fortune séparait de l'étable...

La recette n'était jamais miraculeuse et il ne fallait pas compter sur plus d'une trentaine de représentations par an. En plein été, la saison des récoltes, il n'était pas question pour les paysans de venir perdre leur temps, ne serait-ce qu'un seul soir, au « music-hall »!

Toutefois au moment des fêtes de fin d'année, Petit Louis complétait son programme en montant *La Pastorale des bergers* au théâtre d'Aix. C'est ainsi que mon père passa la Noël 1931 costumé en berger et interprétant le célèbre *Veni d'Oousi* provençal, tandis que Petit Louis tenait lui-même le rôle du meunier.

Finalement, entre *La Pastorale* et les représentations du samedi, mon père ne s'en tire pas trop mal. Sans qu'il ait rien prémédité, son don naturel est devenu son gagne-pain. Un gagne-pain honorable qui le met enfin à l'abri de la précarité. Il était temps.

Si la misère avait dû se prolonger quelque temps encore, n'aurait-il pas fini par perdre son seul vrai bien, sa voix? Le talent, même naturel, a besoin d'un terreau fertile pour continuer à se développer. A tout le moins, une chose est certaine : les longs mois de galères marseillaises viennent à bout de son mariage avec Faustine. Elle souhaitait rentrer en Corse, où elle espérait trouver un meilleur sort, mais lui ne pouvait s'y résoudre : ce deuxième retour au bercail aurait eu un insupportable parfum d'échec irrémédiable. D'autre part, sa fierté de Méditerranéen s'accommodait mal de cette situation de gêne et d'infériorité qu'il ne pouvait pas cacher à sa femme. Il laissa donc partir Faustine, pas tellement fâché au fond d'être séparé de cette jeune femme qui l'entourait d'un amour parfois envahissant.

Avec l'argent de ses premiers cachets, et comme pour se consoler, mon père s'offrit le « luxe » de s'acheter quelques vêtements neufs et de bonne coupe et surtout un splendide pardessus... qu'il se fera voler peu après dans un café. Incident qu'il ne put jamais oublier et qui déclencha chez lui une véritable « phobie » des manteaux. Là encore, c'était une attitude typiquement corse. Même lorsqu'on touche le fond de la misère, on met un point d'honneur à sauvegarder les apparences. Sans être tiré à quatre épingles, Tino mettait du soin dans ses toilettes et s'habillait à la dernière mode. En revanche, il logeait dans des hôtels minables. Un moment, il fut même hébergé dans un bordel (je crois savoir qu'Édith Piaf en passa aussi par là). Le tenancier était un ami corse et Tino s'acquittait de son « loyer » en chantant quelques couplets qui charmaient ces dames. L'histoire ne dit pas si elles lui faisaient grâce ensuite de leurs faveurs.

Averti de la nouvelle situation de son fils, mon grand-père débarqua un jour à Marseille, moitié pour s'assurer que tout allait bien et moitié pour sermonner son rejeton. « Artiste de variétés » c'était bien joli, mais enfin, comme aurait dit n'importe quel père à sa place, ce n'est pas un métier d'avenir.

Pendant qu'ils se promenaient dans la ville en devisant et que Tino s'ingéniait à le rassurer, ils remarquèrent une pancarte placée dans la vitrine d'un magasin de la rue Saint-Ferréol : « Pour cent sous faites enregistrer votre voix. » Tino bondit sur l'occasion : « Entrons là, dit-il, comme cela tu pourras repartir avec l'enregistrement et tu le feras écouter à maman. Ça lui fera plaisir d'entendre ma voix, depuis le temps qu'on ne s'est pas vus. »

Étranges destinées! Vingt ans plus tard, un certain Elvis Presley paiera à son tour pour enregistrer son premier disque qu'il destinait lui aussi à sa mère. Loin de moi l'idée d'enlever quoi que ce soit à la légende du King. Au contraire. Il a bercé toute mon adolescence. Le hasard voulut même que, dans la première chanson que nous enregistrâmes en duo, mon père et moi, il y soit fait allusion : « *A quinze ans,* me chantait Tino dans un couplet, *tu n'aimais qu'Elvis. Dans la rue j'étais une idole, chez moi je n'étais que le père de mon fils.* »

Cependant, il faut bien souligner la modernité de Tino car, en 1932, l'enregistrement à la portée du public n'en était qu'à ses tout débuts. D'ailleurs, le prix en était relativement élevé. Cent sous, c'est-à-dire cinq francs, à l'époque c'était une somme. Mais mon père répétera souvent par la suite que ces cinq francs furent le meilleur investissement qu'il réalisa jamais dans sa vie. Et pour cause!

Au moment où il s'enfermait dans une petite cabine pour chanter, *a cappella, Souviens-toi* et *Ajacciu Bellu,* le représentant pour le Midi des disques Parlophone, un certain monsieur Joseph, se trouvait précisément dans le magasin. Et quand le marchand, monsieur Mossé, posa le disque de mon père sur un phonographe, afin de vérifier la qualité de l'enregistrement, monsieur Joseph dressa tout de suite l'oreille.

Découvrant que la voix qui captivait son attention appartenait à un jeune amateur inconnu, il lui fit aussitôt une proposition : « Venez à Paris. Nous vous ferons un bon contrat et vous enregistrerez un vrai disque. Laissez-moi votre adresse, on vous convoquera. » C'était inespéré, bien sûr, mais il ne s'agissait pour l'instant que d'une offre verbale.

Sa concrétisation arriva une quinzaine de jours plus tard sous la forme d'une lettre à en-tête de la société Parlophone qui invitait mon père à venir enregistrer un 78 tours dans ses studios parisiens. Soit deux chansons (une par face) contre la somme de mille francs.

Il partit aussitôt, voyageant en troisième classe dans le train de nuit qui reliait Marseille à la capitale. Une fois le rendez-vous pris avec les gens de Parlophone pour la séance d'enregistrement, il lui fallut accomplir une formalité imprévue : se trouver lui-même un accompagnateur à la guitare.

Dans l'entre-deux-guerres, la place Pigalle était le grand rendez-vous des musiciens de Paris. Chaque jour, ils s'y rassemblaient à l'heure de l'apéritif et ceux qui n'avaient pas de contrat en cours venaient négocier leur engagement pour la soirée. Tino fit en vain la tournée des cafés de la place. Il ne trouva aucun guitariste qui acceptât de jouer des mélodies corses pour un jeune chanteur provincial dont personne n'avait entendu parler. De Pigalle, il monta à Montmartre, autre fourmilière d'artistes, où là enfin, tard dans la nuit, il réussit à convaincre un vieux Napolitain de le suivre le lendemain dans les studios de Parlophone. Malgré toutes ses recherches, mon père, quand il fut devenu célèbre, ne put jamais retrouver ce guitariste qui avait bien voulu accompagner ses premiers pas parisiens et qu'il aurait souhaité récompenser en conséquence.

L'enregistrement se passa sans problèmes. Tino avait choisi deux de ses chansons fétiches, *Ninni Nanna*, la berceuse qui avait charmé sa famille, et *O Ciuciarella*, si bien que son premier disque fut également le premier disque de chansons corses jamais gravé !

Dès que tout fut terminé, il redescendit à Marseille. Tant qu'on ne savait pas ce que donnerait le disque commercialement il était plus sage de ne pas s'attarder dans la capitale, si riche de tentations diverses. Du reste, Tino n'y connaissait personne et les mille francs du cachet avaient été presque entièrement mangés par le billet de train, la note d'hôtel, la nourriture et l'argent donné au guitariste. Son premier disque ne lui avait donc rien rapporté mais quelques années plus tard, c'est celui-là même que les collectionneurs s'arrachaient au prix fort!

De retour dans le Midi, il apparut métamorphosé à ses amis. L'enchaînement des circonstances qui en si peu de temps avait déjà porté tant de fruits commençait à lui donner une assurance et une foi en lui qui frappèrent l'attention : « Il attendait la gloire et il la préparait », se souvient Jean Orsoni. En effet. Finies les tournées de Petit Louis, à qui toutefois Tino gardera jusqu'au bout son affection pour tout ce qu'il lui devait. Mais il lui fallait quitter ce milieu d'amateurs pour entrer de plain-pied dans la cour des grands. Sans avoir pris rendez-vous, il alla frapper à la porte de Justin Milliard, alors codirecteur avec Albrand de l'Alcazar de Marseille.

Quand on voit aujourd'hui la façade abandonnée et livrée à la ruine de l'Alcazar – un spectacle désolant qui aurait révolté mon père – on a du mal à se représenter ce que furent le prestige et la renommée de cette salle, véritable temple du music-hall que toutes les vedettes d'avant guerre voulaient inscrire à leur palmarès. On prétendait que le public de l'Alcazar était le plus redoutable de France. A juste titre.

Personne à Marseille n'a oublié cette anecdote savoureuse : un soir, le programme affichait une jeune chanteuse parisienne dont on commençait à beaucoup parler – elle allait d'ailleurs faire une belle carrière nationale. Le présentateur, faisant son travail, annonça : « Et maintenant, mesdames et messieurs, voici mademoiselle ***. » Aussitôt une voix tonitruante hurla dans la salle : « C'est une pute ! » Le présentateur, qui en avait vu bien d'autres, ne se démonta pas pour si peu. Il reprit, imperturbable : « Quoi qu'il en soit, voici mademoiselle *** ! »

Tout splendide qu'il fût au temps de son âge d'or, l'Alcazar n'était qu'un bijou parmi tous les autres qui constituaient cette parure unique qu'était alors la Canebière. Comme l'Ajaccien sur le cours Napoléon, le Marseillais n'aimait rien tant que d'y déambuler en fin de journée, le nez au vent, heureux de se régaler du spectacle incessant de ces Champs-Élysées de la mer qui s'ouvraient sur l'horizon infini. Cela a bien changé depuis... mais c'est une autre histoire.

Justin Milliard, que tout le monde appelait « Tintin », lui aussi, était le rejeton d'une famille d'exploitants de cinéma. Les parents Milliard possédaient neuf salles de cinéma sur Marseille et ils étendirent leurs activités à la production, en montant la société Cyrnos Films dont allait beaucoup s'occuper le frère cadet de Justin, Louis, surnommé « Loïe », et qu'on retrouvera bientôt auprès de mon père. Justin, lui, avait préféré le music-hall. Avec bonheur, puisque c'est sous son règne que l'Alcazar était devenu la marque de fabrique des plus grands.

Sans préambule, Tino lui demanda « s'il n'avait pas besoin d'un chanteur ». A question naïve, réponse cinglante : « Les chanteurs, c'est pas ça qui manque ! » objecta Justin. Il avait raison. Des chanteurs amateurs ou semi-professionnels, cultivant le style provençal ou imitant les voix parisiennes, Marseille en fourmillait. Ils avaient l'habitude de se retrouver au Noailles, un café réputé de la Canebière. Un soir qu'une défection inopinée lui causait un trou dans son programme, Tintin y avait envoyé l'un de ses assistants avec cette consigne lapidaire : « Va m'en chercher pour cinquante francs ! »

Mais il était dit que rien n'arrêterait plus Tino. Sans se laisser démonter par l'ironie mordante de Milliard, il entonna *a cappella* devant lui *La Romance de maître Pathelin*, avec toute la conviction que ce moment crucial requérait. Et une fois de plus le charme opéra. Tino fut enrôlé sur-le-champ.

Signé en présence de Robert Trébor, l'imprésario de l'Alcazar, le contrat, en date du 3 mars 1933, stipulait l'engagement de « monsieur Tino Rossi en qualité de ténorino ». Il était prévu 14 représentations en 7 jours pour un cachet total de 500 francs. Tout au long de la semaine, le public réserva au jeune ténorino un accueil enthousiaste et, fidèle à sa renommée, l'Alcazar fonctionna comme une caisse de résonance.

Le bruit de son succès arriva aux oreilles du « père Franck » qui dirigeait le théâtre des Variétés, autre haut lieu marseillais, où il organisait chaque année un grand gala de bienfaisance au profit des mutilés de guerre. Franck demanda à Tino de participer au gala de 1933. Il eut ainsi pour la première fois l'occasion de côtoyer deux très grandes vedettes qui ne tarderaient pas à devenir ses amis : Fernandel et Maurice Chevalier. Sans doute particulièrement inspiré ce soir-là, mon père reçut une chaude ovation pour sa prestation, au point que le « père Franck », qui s'y connaissait en vedettes, se hasarda à lui prédire un très brillant avenir « plein de nombreuses soirées comme celle-là et peut-être mieux encore ! »

Mais l'aventure avec l'Alcazar n'était pas terminée. Comme Petit Louis, Tintin Milliard organisait des tournées. A un échelon supérieur, bien sûr. Lui ne faisait étape que dans les principales villes de la Provence : Cavaillon, Manosque, Avignon... Et c'est avec la tournée de l'Alcazar – à laquelle participait cette année-là Berthe Sylva – que mon père apprit à roder cette vie d'artiste itinérant, qui va de gala en gala. Une vie qu'il allait mener avec plaisir cinquante ans durant, jusqu'à sa mort.

Pendant le temps qu'il sillonnait le Midi, son disque, ce fameux premier disque enregistré chez Parlophone, commençait à faire parler de lui. Et notamment en Corse, où Minighetti le passait « en boucle » pour ainsi dire, sur le trottoir de son magasin, provoquant des attroupements d'Ajacciens – et surtout d'Ajacciennes... Intrigué par ce phénomène, un autre représentant, appartenant celui-là à la société Columbia, rédigea une note à l'attention de sa direction parisienne pour lui signaler que la voix d'un certain Tino Rossi causait un réel émoi dans la population locale.

Bien que jeune encore, la firme Columbia comptait déjà de grands talents à son catalogue : Damia, Jean Sablon, Georges Thill, Mireille ou encore Lucienne Boyer dont toute la France avait eu sur les lèvres son *Parlez-moi d'amour*. Ce dynamisme, Columbia le devait d'abord au professionnalisme et au flair de son directeur, Jean Bérard. C'est lui par exemple qui inventa la promotion autour du disque, faisant de chaque sortie un événement annoncé par voie d'affiches ou de publicité dans la presse. Averti par son représentant, il se procura le disque de mon père, l'écouta soigneusement et se convainquit qu'il fallait faire quelque chose avec ce Tino Rossi : il le convoqua dans ses bureaux de la rue d'Angoulême, à Belleville.

Cette deuxième montée vers la capitale devait se prolonger longtemps, car à partir de ce moment-là, mon père ne cessa plus de se partager entre le Midi, la Corse et Paris.

Malgré une contre-proposition généreuse de Parlophone, qui ne tenait pas à voir partir son poulain, mon père, séduit par Jean Bérard et ses méthodes révolutionnaires, préféra confier désormais ses intérêts à Columbia dont l'image lui semblait plus moderne et plus porteuse d'avenir. La suite devait lui donner amplement raison.

Columbia lui fit d'abord enregistrer deux disques corses, dans la lignée de son premier (avec notamment *Ajacciu Bellu* et *Canzona di u cucu* *) avant de l'intégrer à un orchestre de tango avec lequel il se contentait de reprendre quelques refrains chantés en français. Sur ces pochettes-là, le nom de Tino était écrit en lettres beaucoup plus petites que celui de l'orchestre et de son chef, fort célèbres à l'époque. Tout Paris avait au moins dansé une fois avec Orlando et l'orchestre du Bagdad, un cabaret alors très en vogue.

* *La Chanson du coucou.*

Si Tino devait se contenter des refrains, c'est que Columbia hésitait en fait à le lancer sur des chansons françaises, à cause de son accent. Il dut patiemment les convaincre que c'était précisément cet accent qui pouvait contribuer à le faire aimer du public. Columbia accepta finalement de le laisser enregistrer seul une chanson française dans son intégralité. Et ce fut *Le Tango de Marilou*, écrit par Robert Marino et Mario Mariotti, son premier grand succès, qu'il eut très vite l'occasion d'interpréter en public.

Car Jean Bérard organisait lui aussi des tournées. A un échelon encore supérieur, évidemment, puisque la tournée Columbia ne visitait que les plus grandes villes de France et ne s'ouvrait qu'aux artistes les plus populaires du moment. Celle de 1933 affichait Damia, « la grande tragédienne de la chanson », selon la formule consacrée, et Gilles et Julien, un duo à la mode qui venait de remporter le Grand Prix du disque. Initiés par les célèbres Pills et Tabet, les duos rencontraient beaucoup la faveur du public. Cette même année 1933, Charles Trenet faisait d'ailleurs ses débuts en duo avec Johnny Hess. Mais il n'éclaterait vraiment que trois ans plus tard, lorsqu'il ferait cavalier seul.

On imagine la joie de mon père quand Bérard lui annonça qu'il partirait avec Damia ! Elle se prit d'amitié pour ce petit nouveau dans le métier qui chaque soir était mort de trac avant le lever de rideau. Elle s'offrit à le conseiller sur ses mouvements, elle lui expliqua qu'une attitude scénique devait correspondre au répertoire et à la personnalité du chanteur et qu'en conséquence il devait faire le moins de gestes possible, sauf pour souligner un mot ou un sentiment.

Certains critiques faisaient éternellement ce même reproche à mon père de ne pas bouger sur scène. Ils n'avaient rien compris! Tino Rossi était un « chanteur de charme » (la formule trouvée par Petit Louis devait lui rester) et le chanteur de charme décline – susurre, devrait-on dire – des mots d'amour dans l'oreille de son public qui est venu d'abord pour *l'écouter*. En plus de sa voix, il avait un autre don : la présence.

En immense professionnelle qu'elle était, Damia avait pressenti ce que le public aimerait chez Tino. Il n'oublia jamais ses conseils et garda pour cette grande dame une affection presque filiale. A la fin de ses jours, il allait souvent la visiter et il s'assurait, très discrètement, qu'elle ne manquait de rien.

Gilles et Julien aussi s'étaient pris d'amitié pour mon père et, la tournée terminée, ils le recommandèrent à Mitty Goldin, le directeur de l'ABC, un nouveau music-hall qui s'apprêtait à ouvrir au numéro 11 du boulevard Poissonnière. Quelques semaines plus tard (entre-temps mon père avait enregistré deux autres disques pour Columbia et, délaissant enfin l'hôtel, emménagé dans un studio de la rue Hélène), Mitty Goldin se souvint de la recommandation du duo et il engagea Tino pour trois semaines, en lever de rideau, au printemps 1934.

Son succès à l'ABC – sa première scène parisienne! – fut incontestable. Pour autant, on ne pouvait pas parler de triomphe. Certes, Tino Rossi était un chanteur en vogue, mais il aurait tout aussi bien pu s'appeler Oscar Léon ou Fabrizzio Napoli, personne n'aurait vu de différence et on pouvait raisonnablement penser qu'il serait de toute façon balayé dans une ou deux saisons par un nouveau venu qui prendrait sa place. Bref, Tino Rossi n'était pas encore TINO ROSSI. Mon père le savait. Il avait même compris où le bât blessait.

Depuis ses débuts publics dans la troupe de Petit Louis, il avait toujours arboré le même costume de scène : un smoking! Cet habit empesé de danseur mondain s'harmonisait à son physique latino-corse mais ne le différenciait pas de n'importe quel autre bel hidalgo qui aurait pu lui ressembler. Et, pis que tout, il pensait, non sans raison, que le frac faisait « chanteur d'orchestre ».

Quant au répertoire lui-même, au fond il était bien mince. Excepté les berceuses corses et *Le Tango de Marilou*, il n'avait pas grand-chose à proposer, et, plus embêtant, rien qui permît de l'identifier aussi sûrement que le *J'ai deux amours* de Joséphine Baker, les « gambettes » de Mistinguett ou le *Prosper* de Maurice Chevalier.

C'est alors qu'il méditait sur les moyens de donner un élan décisif à sa carrière qu'il reçut la proposition de participer à la prochaine revue à grand spectacle du Casino de Paris : *Parade de France*.

Chapitre III

PARIS, VOICI PARIS *

En 1934, le Casino de Paris est une institution parisienne déjà vieille de près d'un demi-siècle. Créé en 1890, il traverse une première éclipse vingt ans plus tard puis renaît pendant la guerre, quand Léon Volterra le rouvre en 1917 pour lancer les revues à grand spectacle qui vont consacrer sa renommée et faire du 16, rue de Clichy, l'un des lieux mythiques du music-hall. A la fin des années vingt, la direction passe à Henri Varna qui peaufine la formule des revues et la porte à son apogée.

Ancien acteur, homme et même personnage de théâtre jusqu'au bout des ongles, Varna avait un sens inné du spectacle et de la mise en scène. J'ai eu la chance de le connaître un peu, à la fin de sa vie, et je ne suis pas près d'oublier combien cet homme de génie pouvait se montrer totalement extravagant, comme par exemple arriver à une répétition costumé en cardinal, en condottiere, voir même en Élisabeth Ire d'Angleterre.

* J. Sautreuil, L. Poterat.

Au plus fort du règne de Varna, chaque nouvelle revue du Casino était un événement commenté jusqu'à l'étranger. Celle de 1933, baptisée *Vive Paris*, avec Cécile Sorel, ancienne comédienne du Français en vedette principale, avait d'ailleurs connu un retentissement énorme dont l'écho s'est propagé jusqu'à nos jours : c'est dans *Vive Paris* que Cécile Sorel lançait son « L'ai-je bien descendu? » resté comme le cri de guerre de toutes les meneuses de revue du monde. Mais *Vive Paris*, malgré son succès, avait coûté une fortune au Casino et Varna, s'il aimait beaucoup s'amuser, détestait en revanche perdre de l'argent. Avec *Parade de France*, il espérait bien renflouer sa trésorerie.

L'idée était simple : chaque province française serait le sujet d'un tableau dansé et chanté. Comme la France se voyait encore dans la peau d'un grand empire, les « provinces » déborderaient jusqu'en Afrique et en Indochine, partout où nous possédions des colonies. Les deux grandes vedettes de cette « Revue des beautés de notre pays », pour parler comme le programme officiel, seraient Jacqueline Claude, une chanteuse de l'Opéra-Comique, et Georgius. Le créateur du fameux *Lycée Papillon*, qui ne se produisait jamais autrement qu'en habit blanc, jouissait d'une immense popularité. Chansonnier autant que chanteur, il revendiquait le titre d' « Amuseur public numéro 1 ».

Grâce à un mélange aussi varié, Varna était sûr de contenter à moindres frais le plus grand nombre possible de spectateurs – quel est le Parisien qui n'a pas des origines provinciales? –

encore qu'un tel spectacle nécessitât tout de même une troupe d'une centaine de personnes.

Et la Corse? Elle était évidemment prévue au programme et le nom du tableau était déjà choisi, certes sans grande originalité : « La Corse, île de beauté ». Mais à qui le confier? Ni Varna ni ses assistants ne connaissaient d'artiste corse. Au moment où ils commençaient à désespérer de trouver quelqu'un, un des librettistes attitré du Casino, Marc Cab, proposa le nom de Tino Rossi. Il ne l'avait jamais rencontré, mais il l'avait entendu chanter car, dans l'un de ses enregistrements pour Columbia, Tino avait repris le refrain d'une chanson de Marc Cab, *Vous, qu'avez-vous fait de mon amour?*

Aussitôt Varna convoqua Tino pour une audition. Le résultat, comme on s'en doute, fut positif, mais le cachet envisagé n'avait rien de très motivant. Après avoir consulté Jean Bérard, Tino se décida pourtant à accepter. Participer à une revue du Casino de Paris ne pouvait que profiter à sa carrière, quelles qu'en soient les conditions financières.

Le contrat fut signé au début de l'été 1934 entre mon père, Henri Varna et un troisième homme, Félix Marouani. Né en 1907 comme mon père, originaire de Tunisie, Marouani était venu à Paris avec le projet de devenir imprésario. En ce temps-là, l'imprésario était attaché à une ou plusieurs salles, et non pas à un artiste. L'ABC, le Casino, les Variétés... à Paris ou l'Alcazar à Marseille avaient leurs imprésarios respectifs. Quand Marouani arriva, toutes les places étaient prises. C'est alors qu'il eut l'idée d'adapter le métier aux personnes et non plus aux lieux. Son premier client fut mon père et leur premier contrat celui du Casino. Il leur porta chance à tous deux car Tino devait y trouver la gloire et Félix Marouani fonder une véritable dynastie. En comptant les frères, les enfants, les cousins, les neveux... qui ont suivi ses pas, on recense aujourd'hui plus d'une vingtaine de Marouani dans le milieu du spectacle. Et tout le métier a encore en mémoire la boutade de Brel : « Quand je ne peux pas dormir, je compte les Marouani ! »

Pour *Parade de France*, mon père aurait pu se contenter de reprendre les thèmes folkloriques ou les berceuses corses qui l'avaient fait connaître. Mais outre que le rythme de la berceuse s'accorde mal à celui d'une revue à grand spectacle avec girls et plumes d'autruche, il éprouvait, comme on l'a vu, l'impérieuse nécessité d'ouvrir son répertoire. Et qui pouvait mieux lui composer les chansons dont il rêvait que Vincent Scotto ? Déjà très célèbre, ce Marseillais qui aura écrit plus de quatre mille chansons dans toute sa carrière travaillait pour les plus grands, comme Maurice Chevalier ou Joséphine Baker à qui il avait offert l'immortel *J'ai deux amours...*

Tino avait rencontré Scotto par hasard à Lyon, durant la tournée Columbia, et celui-ci, séduit par sa voix, l'avait invité à venir le voir quand il rentrerait à Paris. D'abord intimidé, Tino n'avait pas osé. Mais en l'espace de quelques mois il était devenu assez confiant en lui-même pour se risquer à frapper à la porte de Scotto qui travaillait dans une tanière sombre et encombrée du passage de l'Industrie, près de la porte Saint-Martin. Il lui expliqua le principe de la revue, le tableau corse et, en une heure, avec ces éclairs de génie qui le caractérisaient, Scotto lui écrivit *Vieni, vieni* et *O Corse, île d'amour*, deux refrains qui feraient le tour du monde. Il faut préciser qu'à cette époque on composait des chansons sur mesure pour les chanteurs. Ce n'est que plus tard que les auteurs-compositeurs se mirent à interpréter leurs propres œuvres. Brassens, Ferré, Brel, Ferrat ou Aznavour illustrèrent brillamment ce nouveau concept, défendant eux-mêmes de magnifiques couplets qu'on leur avait peut-être bêtement refusés.

Mon père a si souvent parlé de ses rapports avec Scotto et cité tous les bons conseils qu'il lui devait que je crois inutile de trop revenir dessus ici. Les deux hommes s'étaient *trouvés*. Le talent de Scotto brillait dans la romance sentimentale. Il n'avait pas son pareil pour entrelacer le rêve et l'émotion avec des mots simples qui parlaient à tous les cœurs. Et il avait compris qu'avec sa voix et son physique, mon père était né pour parler d'amour. « Si tu veux durer, lui dit-il un jour, chante l'amour ! »

Leur collaboration, devenue amitié fraternelle, ne cessera qu'à la mort de Vincent Scotto, en 1952. Ce qui n'excluait pas quelques orages passagers. Scotto était très possessif et il supportait mal de voir « son » Tino travailler avec d'autres auteurs que lui. Mais ces brouilles ne duraient jamais longtemps et les deux compères finissaient toujours par se réconcilier autour d'un refrain.

Si les deux chansons de la revue sont maintenant trouvées, il reste à résoudre le problème du costume puisque Tino est bien décidé à se débarrasser du frac qu'il arborait encore sur la scène de l'ABC.

L'argument du tableau corse va fournir un excellent prétexte à la métamorphose. Après mûres réflexions, Tino dessina lui-même son habit de scène en s'inspirant de la tenue traditionnelle des paysans de son île : bottes montantes, culottes de velours, chemise de couleur en soie véritable ! – il l'avait exigé auprès de Varna, menaçant de ne pas chanter, ce fut son seul caprice –, tenant d'une main une veste portée sur l'épaule, et de l'autre une guitare. Cet assemblage aurait certainement beaucoup amusé un authentique paysan corse, mais du moins il ne manquait pas de pittoresque, et c'est exactement ce qu'il fallait. Rappelons que nous étions deux ans avant le Front populaire et que, faute de congés payés, les Parisiens ignoraient pour ainsi dire tout de l'île de Beauté et de ses habitants. Pour eux, le Corse était un animal à peu près aussi exotique que le gaucho de la Pampa. En outre, mon père avait eu la bonne idée de s'adjoindre cinq guitaristes en guise de musiciens, renonçant au piano ou à tout autre instrument plus conventionnel. Il fut le premier à imposer la guitare dans les orchestres. Et, contrairement à la légende, il savait jouer les accords dont il avait besoin !

La première de *Parade de France* était annoncée pour le 14 octobre 1934. Les répétitions commencèrent en plein mois d'août et mon père se familiarisa avec cette ruche bourdonnante qu'était le Casino de Paris. Au grand soulagement de Varna, les répétitions de son propre numéro ne demandèrent pas plus de deux ou trois séances. Comme je l'ai déjà dit, il lui suffisait d'avoir entendu un air pour être capable de le reproduire sans se tromper d'une note. Quant aux paroles, son « truc » était de prendre le texte original et de le recopier lui-même à la main, sur un cahier ou même une feuille volante. C'était sa façon à lui de s'approprier une chanson et de s'imprégner de ses couplets. Pour le reste, la composition du tableau était d'une simplicité qui n'exigeait pas de longues mises au point. Entouré de ses guitaristes, Tino chanterait devant un décor de carton-pâte figurant de grosses roches rouges parmi lesquelles évolueraient les « Beautés du Casino », en l'occurrence trois danseuses déguisées en Corses et portant pour l'occasion une cruche sur la tête. Difficile de faire plus exotique!

C'est pendant la préparation de la revue que Vincent Scotto eut l'idée de présenter mon père à Marcel Pagnol. Les deux hommes se connaissaient depuis longtemps. L'année précédente Scotto avait même tenu la vedette de *Joffroi,* un film de Pagnol inspiré d'une nouvelle de Giono pour lequel il obtint aux États-Unis le prix du meilleur acteur du monde (*Globe Award*). Pagnol adorait les chansons et Scotto se doutait bien qu'il aimerait la voix de Tino, grandie comme eux au soleil de la Méditerranée. La rencontre eut lieu dans les bureaux de Pagnol, au coin de l'avenue George-V et des Champs-Élysées, face au Fouquet's et juste au-dessus d'un autre bar réputé de l'époque, Alexandre. Tino chanta pour Pagnol les deux chansons que lui avait écrites Scotto et de ce jour data leur amitié indéfectible, dont j'aurai l'occasion de reparler. Car, à ma naissance, Pagnol fut l'une des bonnes fées qui se penchèrent sur mon berceau.

Enfin le 14 octobre arriva. Alors qu'il se rendait à pied au Casino, anonyme dans la foule des badauds qui se pressaient devant le 16, rue de Clichy, comme pour toutes les grandes premières, Tino ne se doutait pas qu'il vivait son dernier soir d'artiste inconnu. Le tableau corse était prévu pour vingt-deux heures trente. Avant cela, les spectateurs auraient déjà savouré, entre autres réjouissances, « Une noce en Auvergne », « La petite vache normande », « Les vendanges en Bourgogne », etc. Tino tua le temps dans sa loge. Une loge minuscule, obscure, presque minable et que n'égayaient ni fleurs ni télégrammes d'encouragement. Tout à l'heure, il n'aurait que quelques minutes pour convaincre. Ce n'était pas l'échec qu'il pouvait redouter, mais pis : l'indifférence. Il avait l'assurance que son passage serait applaudi, au moins par ces bravos de politesse qui ponctuaient chaque numéro de la revue. Mais il espérait mieux : se faire remarquer pour profiter de ce tremplin formidable qu'était le Casino de Paris.

Le résultat alla bien au-delà de ses espérances. La vision de ce beau jeune homme au physique latin dans son costume rutilant et entouré de ses porteuses de cruches attira le regard. Sa voix attendrit les cœurs et les chansons de Scotto firent rendre les armes aux plus irréductibles. Pourtant, quand il eut terminé de chanter, un silence de mort s'abattit sur le théâtre, au grand désarroi de mon père. Puis une formidable ovation secoua la salle : le public, dans un orage de cris et d'applaudissements, le rappela dix fois. Dans les coulisses, Varna n'en croyait ni ses yeux ni ses oreilles. De sa vie il n'avait « jamais vu un débutant remporter un pareil triomphe ».

En parlant de « débutant », Varna n'avait pas franchement tort. Certes, mon père chantait depuis longtemps – depuis toujours, même ! – et cela faisait déjà trois ans qu'il en vivait. Mais les tournées modestes de Petit Louis, une semaine à l'Alcazar ou un lever de rideau à l'ABC ne suffisaient pas à établir une renommée. Enfin ses disques se vendaient pour l'instant médiocrement et il ne passait pas encore à la radio. Pour toutes ces raisons, le nom de Tino Rossi était inconnu de la plupart des spectateurs qui assistaient ce 14 octobre 1934 à la première de *Parade de France*. Et c'était à un inconnu qu'ils demandaient frénétiquement des rappels ! Le lendemain un célèbre critique écrivait : « Une étoile est née... Jean Lumière * s'est éteint. »

Soudainement, il était devenu une vedette. A vingt-sept ans. Aujourd'hui, on ne verrait rien là d'exceptionnel, la moyenne d'âge de ceux qui entrent au Top 50 étant plus proche de l'adolescence, voire de l'enfance, que de la maturité. Mais, il y a soixante ans, réussir à percer si jeune relevait de l'exploit.

Du jour au lendemain, son statut au Casino de Paris changea radicalement. On lui donna une

* Jean Lumière, un chanteur alors au firmament de sa carrière, ne devait plus jamais connaître le même succès. Il devint plus tard un professeur de chant réputé.

meilleure loge ; sur les affiches du spectacle le mot « Corse » étalé en grosses lettres et le nom de « Tino Rossi » écrit en tout petit virent leurs proportions s'inverser. En revanche, Varna se refusait à augmenter son cachet. Mais un événement imprévu vint jouer en faveur de mon père.

Georgius, la grande vedette de la revue, avait cru bon d'inscrire dans son tour de chant *Impudente où vas-tu?*, une chanson-charge contre les homosexuels. Dans les années trente ceux-ci n'avaient pas encore opéré leur « sortie du placard » mais, dans la capitale, ils savaient au besoin affirmer et défendre leur différence. Cocteau, qui régnait au Bœuf sur le toit, donnait le ton de la mode parisienne. Et deux fois par an, à mardi gras et le jeudi de la mi-carême, le grand bal de Magic City, organisé par les homos, attirait une foule venue du monde entier. C'était la plus célèbre manifestation parisienne de l'entre-deux-guerres, on y voyait les costumes les plus exubérants et il y régnait une atmosphère électrique dont Fabrice Emaer tenta de retrouver l'esprit dans les fêtes du début du Palace. La chanson insultante de Georgius attira leurs foudres. L'Amuseur, brusquement, n'amusait plus et de soir en soir ils orchestrèrent un chahut grandissant dans la salle du Casino – on imagine ce que ça pouvait donner ! – au point que Varna dut se résoudre, au bout de quinze jours, à une solution extrême : congédier Georgius.

Aussitôt, plusieurs voix suggérèrent Tino Rossi, l'étoile montante, comme remplaçant. Mais Varna, toujours aussi attentif à la dépense, et à qui le renvoi de Georgius avait déjà coûté fort cher, préféra... monter lui-même sur scène et se tailler un numéro à sa mesure plutôt que d'être obligé d'augmenter le cachet de Tino. Seulement, lui ayant refusé une promotion que toute la troupe jugeait méritée, il lui fallut « lâcher du lest » et c'est ainsi qu'il autorisa Tino Rossi à « doubler » comme on disait dans le jargon du métier, c'est-à-dire à se produire parallèlement sur d'autres scènes parisiennes.

Pour lui, c'est le début d'une vie de fou qui va durer un peu plus d'un an. En début de soirée, il chantait dans une salle de cinéma du réseau Pathé (à l'époque, la séance de cinéma était un spectacle complet dont le film n'était que le dessert), puis il sautait dans un taxi pour rejoindre le Casino, duquel il repartait, son numéro terminé, vers un autre music-hall qui le réclamait, comme le tout proche Européen, sis rue Biot, près de la place Clichy, ou encore l'ABC. Mitty Goldin l'avait réengagé pour deux semaines, mais de prolongation en prolongation, ces quinze jours durèrent un mois et demi!

Tino gardait un souvenir mitigé de cette période agitée. La gloire lui était venue, mais il la payait d'un travail acharné qui dévorait tout espoir de vie privée. Et il était moralement affecté par le déséquilibre qu'il constatait entre ce qu'il gagnait et ce qu'il récoltait d'applaudissements, entre le succès indéniable qu'il obtenait auprès du public et les propositions d'engagement qui tardaient à reconnaître ce succès. Car tous les directeurs qui le voulaient dans leur salle s'étaient en effet alignés sur les tarifs du Casino, prétextant qu'ils n'avaient aucune raison de payer plus cher que ce que payait le « grand Varna ». Or mon père avait vu ses dépenses considérablement augmenter car il était désormais tenu de mener un train de vie (sorties, habillement, etc.) en rapport avec sa notoriété toute fraîche.

Bref, après avoir connu tant de mois où il lui manquait toujours dix-neuf sous pour faire un franc, maintenant qu'il gagnait enfin vingt sous, il en voyait filer dix-neuf! Cette fausse richesse succédant à une vraie pauvreté le marqua assez profondément pour que tout le restant de sa vie il surveillât ses finances – et d'autant plus qu'il ne pouvait prévoir que la gloire ne l'abandonnerait jamais. Raimu, Chevalier, Trenet et beaucoup d'autres artistes de ces générations-là avaient le même comportement et ceux qui ne les connaissaient pas intimement, ou qui oubliaient quels avaient été leurs débuts, concluaient trop rapidement à une avarice qui n'existait que dans leur esprit. Mon père détestait le gaspillage, mais il n'était avare ni de cadeaux ni de libéralités pour ceux qu'il aimait – et ils étaient nombreux.

A la fin de *Parade de France*, au début de l'été 1935, sa situation s'améliora enfin. La radio lui ouvrait maintenant largement ses ondes, ses disques se vendaient de plus en plus et il décrocha une tournée de deux mois dans les grandes villes françaises pour laquelle on lui proposait 2 500 francs de cachet chaque soir. Cette tournée le ramena à Marseille où il en profita pour retrouver ses amis et les honorer. Ainsi, il accepta de dédicacer ses disques chez le plus grand disquaire de la ville, la maison Raphaël – « Raphaël » tout court comme l'avait popularisé l'usage.

Fondé en 1919 au 76 de la rue de Rome par Raphaël Squillante, le magasin déménagea dix ans plus tard pour s'installer sur la Canebière où il devint une institution locale, disparue hélas au début des années 1980, avec l'arrivée de la Fnac, pour devenir un magasin de prêt-à-porter. Au beau temps de sa splendeur, la maison Raphaël employait vingt-cinq vendeurs et vendeuses dirigés par le fondateur et les enfants de sa seconde femme, Louis (dit Loulou) et Antoine Roucoule et leur sœur Marie-Jeanne qui prit la succession de son beau-père à la mort de celui-ci. Petit Louis qui habitait rue du Bon-Pasteur, non loin de chez Raphaël, venait s'y fournir en disques et partitions.

Un jour, il amena son jeune protégé, Tino Rossi, pour le présenter aux enfants Roucoule. Ayant tous à peu près le même âge (même si Marie-Jeanne, étant née en 1904, c'est-à-dire trois ans avant mon père, celui-ci ne se priverait pas plus tard pour l'appeler « la vieille »), ils devinrent tout naturellement amis. Convaincus du talent de Tino, Loulou et Marie-Jeanne suivirent ses débuts marseillais avec intérêt. Ils l'encouragèrent à s'installer à Paris après l'offre de Columbia, lui assurant « qu'il trouverait sa place, et la bonne, parmi tous les autres grands artistes ».

Pour les remercier, maintenant que Tino était devenu célèbre, le moins qu'il pouvait faire c'était bien cette séance de dédicaces que Raphaël Squillante, en commerçant-né, transforma en véritable événement. Il fallut détourner le train venant de Paris, dans lequel se trouvait mon père, de son terminus marseillais ! Les passagers durent descendre en pleine garrigue. Dans la ville, la Canebière était bloquée par la foule. Les autorités locales, paniquées, firent intervenir la police à cheval pour canaliser les enthousiasmes.

Raphaël avait barré sa devanture d'un grand calicot annonçant « Le Napoléon de la chanson ». Sa trouvaille fit florès. Le public et les journalistes s'en emparèrent et la formule fut constamment réutilisée tout au long de la carrière de mon père. Lui, bien sûr, était ravi et flatté, quand on sait l'admiration qu'il vouait à l'Empereur.

Son amitié pour Loulou et Marie-Jeanne ne se démentit jamais. Entre eux, c'était même plus que de l'amitié, une sorte de fraternité. D'ailleurs, Marie-Jeanne me considère comme son propre petit-fils et elle ne se prive pas de m'eng... quand elle en a envie. Cette femme étonnante de vitalité s'apprête à fêter ses quatre-vingt-dix ans mais on lui en donnerait, sans indulgence, quinze de moins. C'est une vraie Marseillaise, amoureuse de la vie, du soleil et de la bonne chère, qui traite tout son monde de « fadas » – moi elle me traite de « couillon » – et a des idées arrêtées sur tout. Par exemple, elle avait décidé, étant jeune, que jamais, au grand jamais, elle ne se marierait à un Corse ou à un fonctionnaire. En bonne logique, elle a épousé les deux : un Corse, fonctionnaire, commissaire de police de surcroît, poète à ses heures, Jean Ambrosi, qui fut lui-même un grand ami de Tino.

Pendant ce même séjour près du Vieux-Port, Tino retrouva Minesch Uschiatti, ancien compagnon de jeu des rues d'Ajaccio, qui était venu étudier la pharmacie à Marseille. Minesch avait été élu au bureau de la Maison des étudiants, sur la Canebière, et pour donner un peu d'éclat à cette association, il proposa à mon père de venir y chanter quelques chansons. Tino accepta sans hésiter.

Après ce mini-gala, les membres du bureau lui offrirent le verre de l'amitié dans une petite pièce tranquille. Alors qu'ils s'apprêtaient à lever leurs coupes, on frappa à la porte. « Je suis allé ouvrir, raconte Minesch qui se souvient de la scène comme si c'était hier, aussitôt une jeune fille s'est engouffrée à l'intérieur et s'est précipitée sur Tino. Mais à peine lui a-t-elle effleuré le bras qu'elle s'est évanouie brutalement. » Même à soixante ans de distance, Minesch a encore du mal à réaliser ce que ses yeux ont vu. Des scènes comme celle-là, Tino, lui, en vécut des centaines d'autres. Quand il quittait une salle de spectacle, ses accompagnateurs, son imprésario ou les amis qui étaient venus l'attendre étaient obligés de jouer des coudes pour le défendre de la ferveur envahissante de ses admirateurs, et plus spécialement de ses admiratrices qui cherchaient à le toucher ou carrément à lui arracher sa cravate, sa pochette ou un morceau de son costume. Un soir, à l'ABC, mon oncle Joseph avait endossé le chapeau et le manteau de son frère pour faire diversion, tandis que Tino s'éclipsait par une autre porte. Le pauvre Joseph fut pratiquement mis en charpie, une femme le mordit cruellement au doigt et il jura qu'on ne l'y reprendrait plus.

Malgré toutes les précautions dont il s'entourait, quelques intrépides parvenaient parfois à déjouer la surveillance et à s'introduire dans sa loge pour tenter d'obtenir un baiser, sinon davantage. A Bruxelles, une femme alla plus loin encore, elle se jeta sous les roues de sa voiture car, dans son esprit fanatisé, mourir écrasée par Tino Rossi était le plus beau sort qu'on pût rêver. Malheureusement pour elle, heureusement pour mon père, sa tentative échoua grâce aux bons réflexes du chauffeur. C'était devenu de la folie pure. Une femme se jeta du haut de la tour Eiffel, une autre se faufila dans sa loge et l'attendit nue sous un manteau de fourrure, un revolver à la main. A son arrivée, elle lui ordonna de lui faire l'amour... Il ne m'a jamais avoué s'être exécuté.

Et puis, bien sûr, il y avait le courrier. Chaque jour, un flot de lettres tantôt signées, tantôt anonymes, parfois d'injures, souvent de compliments, beaucoup d'amour. Des déclarations enflammées, naïves, touchantes, ridicules, délirantes... il y avait de tout, comme cette admiratrice qui lui écrivait en 1936 : « Ci-joint la clé de ma porte. Je suis sûre qu'après la troisième invocation vous arriverez. Mon mari sera endormi car je lui aurai administré un puissant somnifère, je pourrai alors vous serrer dans mes bras et connaître la grande extase... »

Aucun artiste de variétés n'avait jusqu'alors provoqué dans le public de tels déferlements d'enthousiasme, ni un tel déchaînement sexuel. Trente ans avant les Beatles, les yéyés et Johnny Hallyday, chaque apparition de Tino Rossi déclenchait l'hystérie. La révélation spectaculaire du Casino de Paris a servi de détonateur à un phénomène de vedettariat sans précédent : en 1935, Tino vend plus de cinquante mille disques par mois, à la fin de 1936 il a dépassé les deux millions, du jamais vu ! Ce n'est pas tout. Du soir au matin, les radios diffusent inlassablement ses refrains. « L'été, quand on se promenait dans les rues, comme toutes les fenêtres étaient ouvertes, si on entendait commencer une chanson de Tino au début d'une rue, on était sûr d'entendre les couplets suivants tout au long des maisons ! » racontent Marie-Jeanne Ambrosi et Loïe Milliard. Ce qui était vrai à Marseille valait pour toute la France. Dans les discothèques, les « dragueurs » attendaient qu'on passe un disque de mon père pour inviter leur proie à danser : grâce à lui, on disait que la moitié du travail était fait ! Le pays entier était atteint de « tinorossite aiguë » et le virus gagnait l'étranger : l'Angleterre, l'Italie, l'Espagne, l'Allemagne... et même les États-Unis où *Vieni, vieni* sera numéro un pendant six semaines dans les hit-parades bien avant que Tino n'y mette les pieds.

Parade de France, malgré son retentissement, ne saurait expliquer à elle seule cet enthousiasme subit. Mon père a bénéficié de deux facteurs qui se sont conjugués pour faire exploser son audience. C'est d'une part la démocratisation du disque. Le vinyle n'apparaîtra qu'après la guerre, mais déjà les enregistrements sont de meilleure qualité, les appareils de lecture sont moins encombrants, plus fiables et moins chers, donc accessibles à une plus large clientèle. La consommation de masse entraînant encore une baisse des prix, c'est l'effet boule de neige : des milliers de

foyers vont s'équiper. Même chose avec la radio. Apparue au début du siècle, elle a connu des débuts discrets et réservés à une élite. Au tournant de 1930, l'installation d'émetteurs très puissants et l'apparition de postes bon marché bouleversent la donne. A partir de 1933, à Paris comme en province, les nouvelles stations foisonnent. Certaines meurent aussi vite qu'elles sont nées, mais plusieurs acquièrent rapidement une grande notoriété : le Poste parisien, Radio Luxembourg (dont l'adresse est déjà le 22, rue Bayard !) ou Radio Cité que
Marcel Bleustein-Blanchet achète en 1935. L'âge d'or de la radio commence. Il va durer vingt ans, jusqu'à l'apparition de la télévision.

Et la radio ne va pas peu contribuer à populariser Tino. En passant ses disques mais également au travers de ses animations qui, indirectement, vont appuyer sa notoriété. En effet, les maisons de disques concurrentes de Pathé vont encourager les imitateurs, dans l'espoir de susciter un deuxième Tino Rossi, puisque à lui seul il vend plus de disques que tous les autres chanteurs réunis. Quelques-uns réussirent plus ou moins à se faire un nom mais aucun ne vint détrôner l'original, qui vit sa position renforcée. Avec l'appui de la radio, les maisons de disques vont également lancer des chanteurs anonymes. Il y eut comme cela « Le chanteur masqué », « Le chanteur inconnu », « Le chanteur sans nom », etc. Ils étaient populaires le temps d'une saison, mais faute de vrai répertoire, ils se contentaient de reprendre des airs connus... surtout ceux de Tino Rossi.

Enfin, il y eut le Radio-Crochet. Je me souviens du Crochet de mon enfance, présenté par Zappy Max et parrainé par les shampooings Dop. Quand un candidat réussissait son passage, le public hurlait : « Dop, Dop, Dop, il est adopté par Dop ! » En fait, ce jeu musical existait depuis plus de quinze ans. C'est Marcel Bleustein-Blanchet qui en avait eu l'idée en 1935 et l'avait imposé sur Radio Cité qu'il venait d'acheter. L'animation avait été confiée à Saint-Granier, l'une des premières vedettes de la radio et futur membre éminent de *La Famille Duraton*. Le succès avait été immédiat, augmenté encore par l'enregistrement en public. Tout l'art consistait à bien doser les participants, de manière à ce qu'il y ait dans chaque émission des candidats ayant un réel petit talent digne d'être récompensé, et d'authentiques « nanars » qui échoueraient lamentablement. Ceux-là seraient happés sans ménagement par le crochet surgi brusquement des coulisses et dont l'apparition déclenchait toujours l'hilarité. Les candidats avaient bien sûr le libre choix de ce qu'ils souhaitaient interpréter. Certains venaient avec des créations de leur cru mais la plupart voulaient se colleter avec les succès du moment... c'est-à-dire ceux de Tino Rossi ! Ensuite, toutes les radios proposèrent des émissions inspirées du Crochet. C'est l'une d'entre elles, sur RTL, qui fit découvrir Jacques Brel.

S'il est indéniable que le triomphe naissant de la radio a servi la carrière débutante de mon père, il ne faut pas non plus lui enlever le talent qui lui était propre. En 1934, il « déboulait » dans un monde du spectacle déjà fourmillant de célébrités : Maurice Chevalier, Mistinguett, Rina Ketty, Joséphine Baker, Damia, Fréhel et tant d'autres. Le regretté Gérard Trimbach, qui a longtemps travaillé avec mon père, chez Pathé, et lui a consacré une excellente biographie en 1976, a bien analysé les raisons de son succès : « Lorsqu'il est arrivé dans le métier de la chanson, écrivait-il, Tino ne copiait personne. Il ne chantait que des nouveautés, et, tout simplement, il est venu prendre la place qu'il inaugurait, celle de chanteur de charme. »

Ainsi que je l'ai déjà dit, le chanteur de charme s'écoute plus qu'il ne se regarde. Le physique joue certes un rôle non négligeable. On imagine mal un chanteur de charme carrossé en Quasimodo. Mais ce qu'il y a d'extraordinaire avec mon père c'est qu'au début les femmes étaient ensorcelées par sa voix alors même qu'elles ignoraient tout du reste. Si paradoxal que cela puisse paraître à notre époque, où un chanteur n'existe que s'il est *vu*, Tino Rossi était devenu une vedette populaire par le seul truchement de sa voix. Car même en totalisant les quelques dizaines de milliers de personnes venues l'applaudir au Casino de Paris ou dans l'un de ses galas provinciaux, on était loin des deux millions d'acheteurs de disques. Pour la grande majorité de ses admirateurs, Tino Rossi n'était encore qu'une voix sans visage.

Plus pour longtemps.

Chapitre IV

MARINELLA *

« Grande vedette du disque et de la TSF, Tino Rossi va-t-il conquérir également l'écran? » s'interroge à l'automne 1935 un journaliste de *Ciné-Miroir* qui explique : « On vient de procéder, en effet, à des essais de prises de vues qui nous diront si le célèbre chanteur, aimé du public, est photogénique... »

Le cinéma ne pouvait pas ne pas s'intéresser au phénomène Tino Rossi. C'est comme si la télévision, aujourd'hui, ignorait Madonna.

Dès 1934, Maurice Tourneur, l'un des plus grands réalisateurs français de l'entre-deux-guerres, avait fait appel à lui pour les besoins d'une bande-son. Dans *Justin de Marseille* (musique de Vincent Scotto), mon père prêtait sa voix à un pêcheur qui chantait au clair de lune *Premier amour*, un titre qui ne fut jamais enregistré sur disque. Quelques semaines plus tard il était appelé sur un autre film, *L'Affaire Coquelet*, réa-

* V. Scotto, R. Pujol, Audiffred, G. Koger.

lisé par Jean Gourguet; cette fois, il apparaissait brièvement à l'écran, le temps de chanter quelques couplets de *La Petite Ville*. Même chose dans *Les Nuits moscovites*, d'Alexis Granowsky, inspiré d'un roman de Pierre Benoit : habillé en tsigane, Tino interprète une chanson portant le titre du film. Dans *Adémaï au Moyen Age*, comédie en costumes d'époque située à la fin de la guerre de Cent Ans et jouée, notamment, par Michel Simon et Noël-Noël, il est déguisé en troubadour pour chanter, précisément, *La Chanson du troubadour*. En revanche, dans *La Cinquième Empreinte* et dans *Vogue mon cœur*, on entend la voix de Tino mais il est de nouveau totalement absent de l'image. En résumé, à la fin de 1935 Tino a participé à une demi-douzaine de films mais aucun ne lui a accordé le moindre rôle. Est-ce à dire qu'il est incapable de jouer la comédie ? Dans les rédactions, la rumeur va bon train. Quelques années plus tôt, le passage du muet au parlant fut fatal à quelques grandes gloires de l'écran quand on découvrit que leurs beaux yeux langoureux cachaient une voix de casserole. La situation, ici, ne serait-elle pas inverse ? Le grand champion des ventes de disques aurait-il, dans les scènes d'amour, la grâce d'un escabeau ?

En réalité, le problème est ailleurs. Tout jeune qu'il soit encore, le cinéma est déjà devenu une grosse industrie. Chaque film met en jeu des sommes considérables que les producteurs veulent à tout prix rentabiliser. Normal : à cette époque ils ne sont pas soutenus par des banques comme maintenant, la plupart du temps ils jouent leur propre argent. En cette année 1935, Tino Rossi leur pose un problème.

Sa popularité est telle, désormais, qu'il est devenu impossible de le cantonner dans ces emplois de hallebardier qui lui servaient de prétexte à pousser la chansonnette au détour d'une scène. Il faut lui donner un vrai rôle, mais il faut également qu'il puisse chanter, sans quoi le public sera déçu. Comment s'y prendre? Fatalement, les producteurs arrivent à cette conclusion qu'avec Tino Rossi il ne faudra pas de demi-mesure, mais du sur-mesure : il jouera en fonction d'un scénario écrit spécialement pour lui. C'est la seule solution, mais elle est risquée : lui seul portera le film, et en cas d'échec le bouillon sera salé.

C'est dans ce contexte un peu fiévreux que René Pujol imagine le scénario de *Marinella* que tournera Pierre Caron sur une musique de Vincent Scotto. L'histoire n'est pas sans rappeler quelques événements bien réels. Un jeune artiste peintre du nom de Tino Perelli termine le décor d'un nouveau cabaret qui doit ouvrir le soir même quand, patatras!, le directeur apprend que son baryton, vedette de la soirée, est aphone. On ne trouve personne pour le remplacer au pied levé... sauf peut-être ce jeune Tino, que tout le monde a entendu chanter pendant qu'il peignait. Enrôlé sur-le-champ, déshabillé, rhabillé, costumé, gominé, Tino Perelli est propulsé sur la scène du cabaret. Il y rencontre la gloire, puis l'amour, tout en restant un homme simple et bon.

Pendant que Pujol peaufine son scénario, Tino s'adresse à Charles Dullin, l'acteur français de cette époque sans doute le plus respecté par la profession, pour recevoir quelques leçons particulières. Au bout de deux ou trois séances, Dullin lâcha son poulain dans la nature en lui promettant « qu'il n'avait pas à s'en faire, que tout irait bien ».

Enfin, les premiers tours de manivelle sont donnés à la toute fin de 1935. Le tournage a lieu dans les studios de Joinville, sur les bords de la Marne. Tino a pour partenaires Christian Duvaleix, Yvette Lebon, Jeanne Fusier-Gir et l'immense, l'inoubliable Carette, dont il se fait un ami et qui le rassurera chaque fois qu'il laissera percer son anxiété naturelle : « De toute façon, le public viendra pour entendre ta voix de velours, le reste il s'en fout éperdument. »

Réalisé en un temps record, *Marinella* sort sur les écrans au mois de mars 1936. La ruée est immédiate, générale, et les Français découvrent un phénomène qui leur était jusqu'alors inconnu : les files d'attente devant les caisses des cinémas. Encore une fois, Tino Rossi innove ! Et en un seul film il est consacré star de l'écran !

Des dizaines de milliers de spectateurs sont avides de le voir bouger et chanter, presque en chair et en os, pour seulement quelques centimes, un prix à la portée de tous et en tout cas bien moins cher qu'une place de music-hall.

Il faut aussi rendre une nouvelle grâce à Vincent Scotto qui a merveillement servi « son » Tino en lui écrivant, tout exprès pour le film, des chansons qui seront les grands « tubes » de ce printemps 1936, celui du Front populaire : *Tchi-Tchi* et *Marinella*. De tous les disques d'or et de platine qui ont jalonné la carrière de Tino, aucun sans doute n'a égalé *Marinella* en puissance d'évocation. Ce prénom, qui fait resurgir sitôt qu'on le prononce les senteurs ensoleillées de la Méditerranée, avait été inspiré à Scotto par le courrier adressé à mon père.

Un jour, il avait reçu une lettre belle et passionnée, signée seulement de ces quatre syllabes mélodieuses. Scotto, avec son flair infaillible, s'en était emparé pour composer ce tube éternel dont le refrain continue de défier le temps. Les lambadas passent, mais cette « rumba d'amour » reste. Pour l'éternité, Tino Rossi « rime » avec Marinella. A tel point qu'à l'été 1938, quand « Bébé » Robaglia, qui était très lié à Tino, ouvre en contrebas du Scudo le premier établissement balnéaire de la route des Sanguinaires à l'intention des « Ours blancs » (c'est ainsi qu'on surnommait, là-bas, les premiers touristes, issus du Front populaire), il lui donne le nom de Marinella. Chaque été, cette « cantine » joyeuse et sans façons, qui était devenue le point de ralliement de tous les tinomaniaques en villégiature, résonnait des chansons de Tino. « Bébé » est mort, aujourd'hui, mais la plage s'appelle toujours Marinella.

Un triomphe en appelle inévitablement un autre. Les producteurs ne veulent pas lâcher le filon et moins de neuf mois après *Marinella* un deuxième film, *Au son des guitares*, bâti sur mesure pour Tino Rossi, s'affiche dans toutes les salles de France. L'histoire, là aussi, s'inspire en partie de son propre parcours : Jeannot, un pêcheur de l'île de Beauté, est connu pour sa voix d'or. Tombé amoureux fou d'une Parisienne, il décide de la suivre et monte à Paris avec un billet de troisième classe. Sans travail, il est sauvé *in extremis* par sa fameuse voix, qui lui ouvre les portes d'un cabaret renommé.

Tino avait pour partenaires Monique Rolland, Pauley, la meneuse de revue Nita Raya (alors compagne de Maurice Chevalier) et Paul Azaïs, qui allait devenir l'un de ses grands amis. Abonné aux seconds rôles, Azaïs se destinait sans doute à mener la carrière d'un Albert Préjean. Hélas, quelques années après *Au son des guitares*, pendant l'Occupation, il fit une stupide chute de bicyclette qui lui causa une mauvaise blessure à la tête. On dut le trépaner et il garda des séquelles de cet accident qui affectèrent sa carrière : il n'avait plus suffisamment de mémoire pour apprendre de longs rôles. Cette pénible expérience lui donna l'idée de fonder une association qui viendrait en aide aux artistes frappés par le malheur : La Roue tourne. Dès sa création, en 1957, Tino, par amicale fidélité à Paul Azaïs (il ne manquait jamais de le faire engager dans chacun de ses films), entra au comité d'honneur de l'association. Son adhésion à La Roue tourne n'était pas qu'honorifique. Il l'imposait à chacune de ses prestations publiques. Tous ceux qui ont l'habitude d'aller au spectacle connaissent les enveloppes distribuées par les bénévoles de La Roue tourne. Elles contiennent une photo dédicacée de la vedette et le produit de leur vente est intégralement versé à l'association.

Des demandes de photos dédicacées, mon père en recevait chaque jour, depuis octobre 1934, une quantité innombrable. S'il avait dû s'exécuter lui-même pour répondre à toutes, ses jours et ses nuits n'auraient pas suffi. Des secrétaires qui avaient appris à imiter sa signature se chargeaient de ce travail. Parfois même, c'étaient ses propres amis : quand il se trouvait à Marseille, Marie-Jeanne et Louis Roucoule signaient de bon cœur à sa place.

Mais chaque fois que les photographies étaient destinées aux enveloppes de La Roue tourne, il mettait un point d'honneur à les signer lui-même, ce qui représentait tout de même, par gala, souvent plus d'une centaine de photos.

Au son des guitares obtient un succès comparable à celui de *Marinella* et déjà on parle de lui faire tourner un troisième film. Sa carrière cinématographique est définitivement lancée mais il n'a pas renoncé pour autant au music-hall, loin de là. Après *Parade de France*, le Casino de Paris avait offert sa scène à Maurice Chevalier, de retour d'Hollywood, qui remporta comme on s'y attendait un triomphe retentissant. Puis une autre revue avait été montée, *Plaisirs de Paris*, dont le succès reposait sur la personnalité inimitable d'O'Dett, antiquaire le jour et meneuse de revue le soir – un peu comme la grande Zoa de la chanson – et qui fut l'une des coqueluches du Tout-Paris des années folles. On découvrait à ce moment-là les spectacles de travestis, notamment dans un cabaret très en vogue, Chez Tonton, où s'illustraient les célèbres duettistes Charpini et Brancatto et bien sûr O'Dett. Tonton fut le précurseur des Michou, Alcazar et Paradis latin d'aujourd'hui.

Mais pour la rentrée de 1936, Henri Varna demande à Tino de revenir, cette fois en vedette principale d'une revue qui va s'appeler *Tout Paris chante*. Tino apparaîtra dans trois tableaux différents ! Une première fois, vêtu en légionnaire (« Ceux de la Légion »), il réconforte ses camarades en chantant le soir, autour du bivouac. Ce tableau eut un immense succès. Puis Tino revenait en « Roi de cœur » interpréter quelques chansons d'amour écrites par Paul Delmet. Enfin, vêtu en marquis du Grand Siècle et entouré des French Beauties du Casino, il créait la chanson vedette de la revue, *Colombella*.

Pendant les longs mois que va durer la revue, son métier l'absorbera totalement. Le soir, il chantait au Casino, l'après-midi, il tournait pour le cinéma et, le matin, il travaillait pour Columbia : 2 chansons enregistrées en 1932, 10 en 1933, 40 en 1934, 33 en 1935, 24 en 1936, 30 en 1937, etc. Il détient à cette époque un double record dans les variétés françaises, celui de la production en titres et celui des ventes de disques. En 1936, il atteindra des pointes de quatre-vingt mille disques par mois, quand le deuxième meilleur vendeur restera en dessous des huit mille !

Après *Tout Paris chante,* il y eut d'autres grandes salles parisiennes, comme l'ABC, puis de nouveaux galas en province, et bientôt des tournées à l'étranger : désormais mon père est si souvent sur scène qu'il serait fastidieux de continuer l'inventaire chronologique de ses engagements. On le réclame partout et c'est à peine s'il a le temps de prendre quelques vacances. Au printemps de 1937, profitant d'une série de galas qui vont le conduire sur la Côte d'Azur, il fait une courte apparition dans sa ville natale. Venu avec son copain Paul Azaïs, il est accueilli en vedette nationale : bains de foule, photos de groupe avec son père, ses frères, ses amis... sans oublier le coup d'envoi de la finale du championnat de Corse de football. Et il sera ému aux larmes d'entendre ses propres chansons chantées dans la rue par le couple d'aveugles qu'il venait écouter pendant son adolescence.

Mais la Corse, qu'il aime toujours autant, est bien loin... Sa carrière se joue ailleurs et pour l'instant son seul vrai port d'attache c'est Paris. Paris où il est devenu une personnalité à la mode. Invité et fêté partout, mon père ne sacrifiera cependant jamais à la vie mondaine et ostentatoire. Ce n'était pas dans son caractère, et, d'une manière générale, les mondanités l'ennuyaient. Aux dîners de têtes et aux fêtes échevelées, il préférait les réunions entre amis, comme ces apéritifs qu'il prenait au Fouquet's avec ses copains.

Fleuron des Champs-Élysées, le Fouquet's était le rendez-vous des élégantes et des gens de la haute. Les professionnels du cinéma, qui avaient établi leurs quartiers dans les environs, en avaient également fait leur bar attitré. Pagnol venait de ses bureaux du trottoir d'en face. Il lui suffisait de traverser l'avenue George-V pour rejoindre mon père, Raimu et le petit groupe d'amis qui gravitait autour d'eux.

C'était devenu un rite immuable. Chaque fin d'après-midi, ils se retrouvaient pour le sacro-saint pastis et toujours à la même table, « la leur », la première à droite après l'entrée. L'imprudent qui aurait eu l'audace de vouloir s'y asseoir alors que l'heure du rendez-vous approchait se serait fait poliment mais fermement éjecter par le personnel qui veillait à la tranquillité de ces messieurs.

Claude Dauphin et Roland Toutain figuraient au nombre des heureux élus.

Toutain s'était illustré à l'écran en jouant Rouletabille. Amateur de sensations fortes, il était toujours à l'affût d'une cascade ou d'un frisson nouveau, se jetant par exemple du premier étage du Fouquet's sur une table de la terrasse, où déjeunaient les clients terrorisés pour le coup. Sa grande spécialité relevait cependant d'un autre domaine. La nature l'avait très généreusement pourvu, et au petit jeu du « C'est à vous tout ça ? », il se faisait fort de battre tout le monde, n'hésitant pas à en administrer la preuve en déballant son service trois-pièces sur la table. Quant à Claude Dauphin, il obligea un journaliste d'une feuille à scandales à manger, au bar du Fouquet's, l'article mensonger qu'il avait pondu sur une de ses amies !

Fernandel se joignait parfois à cette joyeuse bande, mais très casanier et attaché à sa vie de famille, il ne comptait pas véritablement au nombre des habitués. En revanche, Raimu était le pilier de ces réunions. Il arrivait flanqué de son faire-valoir et souffre-douleur, qu'il imposait dans tous ses films : Maupi. Autant Raimu était grand et large, autant Maupi était petit et chétif. Un vrai couple à la Dubout. Maupi, entre autres emplois, servait de chauffeur à Raimu. Cependant, même en glissant trois coussins et deux dictionnaires sous ses fesses, il arrivait péniblement à hauteur du pare-brise, ce qui immanquablement faisait dire à Raimu, quand Maupi venait le chercher : « Tiens ! voilà la voiture fantôôôme... » ajoutant : « J'ai la plus grande voiture de France conduite par le plus petit nain de France ! » Sous leur apparence de maître et esclave, les deux compères étaient inséparables. Ils s'aimaient et se respectaient – d'ailleurs Raimu l'imposait dans tous ses films) – mais ne s'appelaient jamais par leur prénom, se donnant à l'un et à l'autre du « Môssieu Raimu », « Môssieur Maupi » à longueur de phrase.

Même au naturel, sans public ni caméra, Raimu demeurait un personnage hors du commun. Chacun s'amusait de la parcimonie sourcilleuse avec laquelle il dépensait son argent et comme il savait qu'on l'attendait toujours dans ce rôle, il ne décevait jamais. Imperturbablement, chaque soir, il portait sa main à sa poche en disant : « Bon ! Je crois qu'il va être temps d'y aller... » On pensait qu'il allait sortir de la monnaie pour s'acquitter de sa consommation. Eh bien non ! Il se contentait de tirer sa montre de son gousset. Au début, les autres s'y laissaient prendre et sortaient leur argent. Fatalement, il s'en trouvait toujours un assez « couillon » pour se résoudre à inviter Raimu. Mais son stratagème éventé, il ne renonça pas à le tenter encore, soir après soir. Personne ne tombait plus dans le piège, mais sa comédie faisait rire tout le monde. On s'amusait aussi à lui jouer des tours pour le voir piquer une de ses rognes légendaires. Un jour, Tino avait eu l'idée d'envoyer des enfants demander des autographes à Maupi, en présence de Raimu, avec la consigne formelle d'ignorer ce dernier. Raimu était si furieux qu'il aurait étranglé tout le monde si on ne lui avait pas proposé aussitôt une tournée gratuite.

Dans ces années d'avant guerre, mon père retrouvait également au Fouquet's deux autres de ses bons amis, Erich von Stroheim, dont le physique particulier et la personnalité lui assuraient autant de succès auprès des femmes que Tino, et Jean Gabin, qu'il appellera toujours « Moncorgé », son vrai nom pour l'état civil. Gabin, lui, avait surnommé Tino « Roméo » et lui portait une véritable affection. Il venait, on l'oublie souvent, de ce monde du music-hall pour lequel il garda toujours une tendresse spéciale. Il avait débuté comme simple boy au Casino de Paris, puis dans la chanson aux Folies Bergère et au Moulin Rouge. Sa gouaille, qui faisait merveille dans un répertoire ciblé (*La Môme caoutchouc* ou *Les Beaux Dimanches au bord de l'eau*), lui aurait peut-être permis de faire une grande carrière dans la chanson – de plus, c'était un excellent danseur – mais c'est le cinéma qui lui apporta la consécration que ce tempérament exceptionnel méritait. Bien des années plus tard, Tino et Gabin, presque voisins à Neuilly, se retrouvaient souvent pour promener leur chien à l'orée du bois de Boulogne. Un jour où, enfant, je les accompagnais, j'entendis Gabin, engoncé dans son imper, la casquette vissée sur le crâne, une gauloise à la main, dire à mon père : « Je rempile demain aux studios de Boulogne pour un nouveau film. Qu'est-ce que ça me fait ch... » Après son départ, interloqué, je demandai à mon père : « C'est vrai, ce qu'il raconte ? Il n'aime pas tourner ? » et mon père :

« Bien sûr que non. En réalité, il adore ça et il ne pourrait pas s'en passer ! »

Malgré cette vie plutôt rangée que menait la nouvelle idole de la chanson, les rumeurs les plus malveillantes n'en allaient pas moins le prendre pour cible. Dès 1935, le départ est donné à la suite d'un petit kyste à la paupière (causé par la brûlure d'un projecteur) qu'il se fit enlever discrètement. On prétendit qu'on lui avait placé un œil de verre ! Se fait-il, sur le tournage de *Marinella,* une entorse qui l'oblige à boiter plusieurs jours ? Il marche avec une jambe de bois ! D'autres vipères prétendument bien informées voulurent faire croire qu'il était impuissant, ou homosexuel. Toutes ces attaques avaient bien sûr un point commun : elles visaient l'intégrité physique du séducteur adulé des femmes et que beaucoup jalousaient.

Sans qu'on puisse se l'expliquer, c'est la fausse légende de l'œil de verre qui dura le plus longtemps et s'insinua le plus profondément dans le public. Mais ni contre celle-là ni contre aucune autre mon père n'avança le moindre démenti. A ses amis qui s'étonnaient de ne pas le voir réagir, il répondait toujours placidement : « Si je réfute une rumeur, aussitôt une autre naîtra à sa place, ou alors on prétendra que si je nie, c'est parce que j'ai quelque chose à cacher ! La meilleure solution c'est de ne pas bouger et d'attendre que les rumeurs s'éteignent d'elles-mêmes. » Une autre rumeur malveillante visait Maurice Chevalier. Elle le prétendait bête. Chevalier, très affecté, s'en ouvrit à mon père. Il lui répondit ceci : « Maurice, vous êtes beau, riche, célèbre et vous avez du talent. Si on vous dit intelligent en plus... Alors on vous tue ! »

Les attaques misérables dont Tino était l'objet ne pesaient du reste pas grand-chose en comparaison de la ferveur chaleureuse de ses milliers d'admirateurs. En 1937, une étape importante est franchie avec la naissance de l'Association des amis de Tino Rossi, véritable fan-club qui reçoit dix mille inscriptions dès son ouverture ! L'emblème, le « pin's », du club est tout trouvé : une guitare. Vingt-cinq ans plus tard, le fan-club de Johnny Hallyday choisira le même signe de ralliement... mais dans sa version électrique ! En 1983, à la mort de Tino, on comptait encore vingt-cinq mille adhérents et même aujourd'hui, il subsiste des antennes du club dans le monde entier.

Au départ, il s'agissait pour les jeunes gens et les jeunes filles qui entraient dans l'association de pouvoir se retrouver dans un même local pour écouter les disques de leur chanteur préféré et échanger photographies ou autographes. Mais les « tinorossistes », comme on devait vite les surnommer, ont, au fil des ans, accompli un travail remarquable d'archivage et de documentation sur tout ce qui concerne la vie et la carrière de mon père. Le club, présidé depuis 1976 par René Guinhuit, est ainsi devenu un trésor de mémoire dont l'aide m'a été bien précieuse pour la rédaction de ce livre.

C'est par exemple grâce à deux éminents tinorossistes, Andrée et Maurice Bazinet, que j'ai pu retrouver un petit livret d'une trentaine de pages publié en janvier 1937 par la Société française de librairie et d'édition et intitulé *Tino Rossi, ma vie et mes chansons*. Alors qu'il n'avait pas encore fêté ses trente ans, il s'était livré au jeu des souvenirs, afin que le public le connaisse mieux. Il raconte donc la Corse, son enfance ajaccienne, ses débuts avec Petit Louis. Au total un récit très pudique, qui ne parle ni des années de galères, ni de sa vie sentimentale. Et ses deux mariages sont passés sous silence. Ce n'était pas de sa part une volonté de les cacher, ou de faire croire à ses admiratrices qu'il était chaste et pur. En vérité, il ne se privait pas d'aventures galantes mais il respectait une règle primordiale chez lui et qu'il aimait bien citer : « Hors de la scène on tire le rideau. » Cette réserve convenait parfaitement à Pathé qui avait supervisé la rédaction du livre pour s'assurer que le mystère restait entier sur la vie privée de l'idole du moment.

Moins de six mois après la parution de cet ouvrage, la vie amoureuse de Tino va pourtant occuper la une de toutes les gazettes populaires. Le « chanteur de charme » est tombé... sous le charme d'une femme – et quelle femme ! – auprès de laquelle il était impossible de passer inaperçu.

Chapitre V

UN BAISER DE FEMME SOUS UN CIEL DE FEU *

Des yeux verts, une chevelure sombre aux reflets métalliques cascadant sur ses épaules, une voix sensuelle, une silhouette féline, un tempérament incandescent, la grâce et l'élégance naturelle en prime... ce portrait idéal de la femme fatale avait un nom dans la France d'avant guerre : Mireille Balin. Elle avait commencé de briller au firmament des stars au moment même où mon père entamait sa carrière cinématographique, en 1936. Dans *Pépé le Moko*, de Julien Duvivier, elle était Gaby, cette créature troublante et nostalgique qui venait séduire Pépé-Jean Gabin, un mauvais garçon au cœur tendre poursuivi par la police dans la Casbah d'Alger. A plus d'un demi-siècle de distance, *Pépé le Moko* n'a rien perdu de son charme envoûtant qui l'avait hissé d'emblée au Panthéon du cinéma mondial. La force du scénario, la maîtrise de Duvivier, les dialogues d'Henri Jeanson

* Jurma, Kaper.

s'étaient ligués pour faire de ce film un chef-d'œuvre, mais c'est l'interprétation inoubliable de Gabin et de Mireille Balin qui lui a donné son aura.

« Gaby » avait rencontré la gloire. Nombreux étaient les hommes qui la considéraient en outre comme la plus belle femme de son temps. Et c'est avec cette femme que mon père va vivre une passion brutale, dévorante.

Revenons au printemps 1937. Après son escapade en Corse, Tino rentre sur le continent pour honorer une série d'engagements sur la Côte – Nice, Cannes, Marseille notamment. C'est à Cannes que la rencontre va avoir lieu. Un soir, après son tour de chant au Palm Beach, il prend un verre dans un salon du Carlton pour discuter avec le producteur Robert Hakim du projet de son troisième film, *Naples au baiser de feu*. Hakim est venu accompagné de Mireille Balin. Tino est lui aussi en galante compagnie : à côté de lui est assis un beau brin de fille récemment élue Miss Belgique. Pendant que les deux hommes discutent affaires, Miss Belgique ne quitte pas mon père des yeux, le couvant d'un regard énamouré. Mireille Balin, au contraire, affichant son indifférence pour le sujet de la conversation, fume avec un ennui distingué une cigarette emmanchée d'un interminable fume-cigarette en or. De temps à autre elle décoche un moue méprisante pour le manège de la Miss. La soirée paraît mal partie, mais la suite va prendre une direction imprévisible. Le mieux est de laisser la parole à mon père, qui a très bien relaté la scène dans son deuxième livre de souvenirs, *Tino par Tino*, paru chez Stock en 1974 :

Robert Hakim proposa tout à trac :

« Et si nous allions à Nice sabler le champagne et danser ? »

Nous décidâmes d'aller au Perroquet. A peine arrivés dans ce night-club, à peine installés à nos tables, brusquement Mireille Balin qui ne m'avait pas adressé la parole, pire même : qui m'avait ignoré, planta son regard dans le mien et me demanda d'une voix légèrement enrouée :

« J'aimerais danser avec vous. »

Qui aurait dit non ? Je me suis empressé de l'entraîner sur la piste et là, quand je l'ai tenue dans mes bras, quand j'ai senti son corps épouser le mien, je sais que c'est à cet instant-là que j'ai perdu la tête pour elle. Nous avons dansé jusqu'à cinq heures du matin, sans dire un mot, n'osant pas nous regarder. A mesure que la nuit se déroulait, je sentais une sourde inquiétude m'enserrer davantage : je redoutais le moment où il me faudrait la quitter et sans doute ne plus la revoir. Elle avait fait irruption dans ma vie, et je ne concevais plus ma vie sans elle, loin d'elle. Il fallut pourtant nous séparer. Robert Hakim et des amis qui nous avaient rejoints au Perroquet devaient ramener Mireille à son palace. Avant qu'elle ne s'installât dans une voiture, je me souviens qu'après lui avoir baisé la main je lui chuchotai rapidement :

« J'ai un contrat à l'Alcazar de Marseille dans quatre jours. Vous me combleriez en venant m'écouter. »

Dans un souffle, ses yeux fixés sur les miens, elle me murmura :

« J'y serai, Tino. »

La soirée était terminée. Mais tandis que mon père restait debout sur le trottoir, longtemps après que la voiture eut disparu, une voix furieuse s'éleva dans son dos : « Ce n'est pas la peine de me raccompagner à Cannes. Je rentrerai toute seule en taxi. » C'était la Miss Belgique, qui ne s'était pas remise d'avoir fait tapisserie au Perroquet. Scène cocasse qui porte cependant déjà en germe les futures épines de cette passion naissante : tout le long de la soirée, Mireille avait littéralement accaparé Tino – certes infiniment consentant – et avait fait le vide autour d'eux.

Pendant les quatre jours qui le séparaient de son gala à l'Alcazar, et donc de son rendez-vous avec Mireille, Tino renoua douloureusement avec une fébrilité de cœur digne de l'adolescence et dont il pensait s'être prémuni à jamais! L'impatience céda le pas à la déception. Mireille ne vint pas. Ni dans sa loge, ni dans la salle, ni après le spectacle. A l'absence s'ajoutait le silence : aucun message, aucun appel pour annoncer ou excuser ce « lapin ».

L'explication viendra une semaine plus tard. Affecté par cet échec mais trop orgueilleux pour tenter de joindre Mireille, Tino était parti se consoler à la campagne, dans un ancien château transformé en hôtel, à Bourbon-l'Archambault. Ayant enfin réussi à le « pister » dans cette « retraite », Mireille vint l'y rejoindre et lui avoua ce qui s'était passé. « On » lui avait fait croire que le gala marseillais avait été annulé en dernière minute. Ce « on » était un homme qui avait assisté au coup de foudre de la soirée niçoise et en avait conçu une jalousie rancunière... Il n'était pas très difficile de mettre un nom sur le « on » mais les deux tourtereaux avaient mieux à faire que penser vengeance.

Dès ce moment délicieux de leurs retrouvailles, ils deviennent inséparables et c'est ainsi que commence officiellement la liaison Mireille Balin-Tino Rossi, qui va faire couler beaucoup d'encre. Car, évidemment, les journalistes ne sont pas longs à lever le lièvre. Pour eux, cette idylle, c'est du « nanan ». Balin-Tino : le duo de rêve qui réunit les deux grandes stars du moment. Aux yeux du public, leur couple paraissait aussi mythique que le serait plus tard l'alliance Liz Taylor-Richard Burton – les gros bijoux et l'alcool en moins !

Mais cette liaison n'avait rien d'une mascarade de façade pour faire grimper les tirages des magazines et conforter la notoriété de ses acteurs, comme en voit souvent le milieu du show-biz. Mireille et Tino s'aimaient vraiment. Mieux : ils s'adoraient. Dans leur intimité, Mireille Balin était bien différente de la vamp ensorceleuse de l'écran. Casanière, pudique, fragile, passionnée, elle s'était vouée à mon père, rêvant de ne plus partager le monde qu'avec lui. Très vite, elle se révéla terriblement jalouse, montant autour de son amant une véritable garde pour déjouer les entreprises des admiratrices du chanteur.

Une partie du tournage de *Naples au baiser de feu* était prévue en extérieur, sur les lieux mêmes de l'action. Affolée à l'idée d'être séparée de Tino pendant plusieurs semaines – et redoutant tous les pièges de séduction qui lui seraient tendus là-bas – elle obtint de se faire engager sur le film. Mais le premier rôle ayant été dévolu à Viviane Romance, elle dut se contenter d'un second rôle! La Gaby de *Pépé le Moko* qui, si elle l'avait voulu, aurait pu faire monter un film sur son seul nom, se « déclassa » par amour! J'imagine que peu de vedettes ont fait un jour le même geste.

Ce séjour à Naples fut en quelque sorte leur lune de miel. Ils logèrent dans un palace rococo du bord de mer. Les fenêtres du balcon de leur chambre ouvraient sur la célèbre baie gardée par le Vésuve. Pendant leur temps libre, ils partaient visiter Pompéi, Herculanum ou les beaux paysages de la Campanie. Le tournage, quant à lui, fut assez folklorique. Compte tenu du scénario, dialogué par Henri Jeanson (Mario-Tino, un jeune chanteur des rues délaisse sa fiancée, une orpheline, pour courtiser une pauvre émigrante venue d'Argentine, Lolita-Viviane Romance), Augusto Genina, le réalisateur, désirait opérer dans les ruelles étroites et typiques de la ville. C'était compter sans les humeurs délirantes du Duce, qui d'abord ne voulut pas laisser travailler une équipe de cinéastes étrangers, puis, après s'être ravisé, leur interdit de photographier les ruelles sombres qui dans son esprit tourmenté donneraient une mauvaise image de la nouvelle Italie fasciste aux spectateurs français. Il fallut bien s'exécuter et on filma uniquement dans des avenues larges, rectilignes et ensoleillées cette histoire d'amour des quartiers déshérités. Heureusement, l'ingéniosité des cadreurs et des éclairagistes donna un résultat final très proche de ce qui était souhaitable.

Le film sortit sur les écrans français en

novembre 1937. Le succès fut retentissant mais ni Mireille ni Tino n'étaient là pour en savourer l'étendue. Mon père venait tout juste de s'embarquer pour les États-Unis. Le pays de l'Oncle Sam le réclamait. *Vieni, vieni* était resté longtemps classé dans le *Top tune of the week*, le plus grand hit-parade de l'époque, et les producteurs américains s'intéressaient de près à cette Frenchie idole dont le physique rappelait celui du grand Valentino.

La traversée se fit sur le *Normandie*, merveille des mers lancée cinq ans plus tôt, détenteur du fameux Ruban bleu qui signait le record de vitesse de traversée de l'Atlantique. Rapide et colossal (il emportait plus de trois mille personnes, équipage compris), le *Normandie* était également un monument de luxe et de raffinement, embelli par les plus grands artistes décoratifs des années trente : Dunan, Lalique, Sabino, Ruhlman, Leleu. Mon père s'était embarqué avec Félix Marouani et Petit Louis, qui remplissait à son côté un rôle de supersecrétaire. Mireille, en revanche, était absente. Appelée, elle aussi, par les Américains, elle était déjà partie pour Hollywood quelques semaines plus tôt. Les deux amants étaient convenus de se retrouver le plus vite possible sur l'une ou l'autre côte du Nouveau Monde.

L'arrivée à New York fut nettement moins agréable que le voyage. A l'officier des douanes qui lui demandait s'il avait un contrat de travail pour venir chanter aux États-Unis, benoîtement mon père répondit que « non ». C'était la vérité, même s'il était l'invité officiel de la prestigieuse Fox. La subtilité de la situation échappa à ce fonctionnaire qui n'avait sans doute jamais entendu parler de Tino Rossi et il dirigea *manu militari* les trois hommes – Marouani et Petit Louis partageaient le même sort – vers Ellis Island, ce célèbre îlot du port de New York, à une encablure de la statue de la Liberté, où l'on parquait les candidats à l'immigration. Alerté au téléphone par Marouani, le vice-président de la Fox – Spiro Skouras, ancien émigrant lui-même ! – arriva sur les lieux, flanqué d'un avocat qui réussit à prouver que Tino Rossi n'était pas un émigrant. On laissa donc partir la petite bande qui se retrouva bientôt logée dans l'un des meilleurs palaces de la ville, situé face à Central Park, l'hôtel Pierre.

Marouani, qui parlait parfaitement l'anglais, se débrouillait à merveille. Il obtint rapidement plusieurs enregistrements à la radio pour son poulain tandis que celui-ci, avec l'aide d'un professeur particulier, apprenait consciencieusement dans sa chambre du Pierre quelques rudiments de la langue de Shakespeare. Mireille Balin l'appelait chaque soir et pour les fêtes de fin d'année c'est lui qui alla la rejoindre à Hollywood. Leurs retrouvailles furent brèves. Marouani avait décroché une série de galas au Québec pour le mois de janvier.

Montréal ou Québec, à cette saison, flirtent allègrement avec les moins vingt, moins trente degrés, des températures propres à faire fuir mon père, lui qui, en bon Méditerranéen, détestait le froid et la glace, sauf celle qu'on verse dans le pastis. Mais la chaleur de l'accueil des Québécois compensa largement cet inconvénient. Même au pays des érables rouges, la « tinorossite » faisait des ravages. Une foule imposante s'était postée sur le passage de son train!

Ému par le souvenir de cette généreuse exubérance, Tino revint souvent au Québec (une fois, alors que j'étais encore gamin, il m'emmena avec lui et nous fîmes la traversée sur le *France*). En 1947, lors d'une grande tournée triomphale, à Sherbrooke, une petite ville des cantons de l'Est, une femme crut le reconnaître dans la rue et il s'ensuivit une bousculade monstre, restée mémorable dans les annales de cette paisible cité provinciale.

Il faut dire que les Québécois, fiers de parler notre langue mais cernés par les Anglo-Saxons, ont toujours été très reconnaissants aux grandes vedettes françaises qui traversaient l'Atlantique pour venir chanter chez eux. Mon père ou Édith Piaf les faisaient vibrer d'enthousiasme à chacune de leurs venues. Du reste, le Québec vient de rendre un hommage à mon père au théâtre Champlain, considéré comme un haut lieu culturel francophone : Paolo Noël, un chanteur canadien très populaire, y a interprété les plus grands succès de Tino Rossi.

A son retour à New York, en février 1938, La Guardia, maire de la ville, donna en son honneur une réception au Copacabana, le célèbre nightclub. Toutes les stars américaines fêtèrent le « petit Corse à la voix d'or ». Il avait conquis l'Amérique. Tino se vit proposer par la Fox de tourner *Balalaïka*, le remake filmé d'une opérette qui avait eu un grand succès quelques années auparavant. De son côté, Mireille Balin était sous contrat avec la prestigieuse Metro-Goldwyn-

Mayer, qui fondait de grands espoirs sur elle. Cependant, ni l'un ni l'autre ne se plaisaient aux États-Unis. Ils se sentaient trop loin l'un de l'autre, et également trop loin de leur pays, alors que des bruits de guerre semblaient annoncer des heures terribles. Il se passa alors cette chose inouïe : Tino déclina l'offre de la Fox, Mireille Balin lâcha la MGM, rejoignit son amant à New York et ils s'embarquèrent, ensemble cette fois, sur le *Normandie* pour revenir au pays. Alors que tant d'artistes rêvent d'une carrière américaine qui ne viendra jamais, eux, à qui on déroulait le tapis rouge, tournèrent dédaigneusement le dos à l'empire yankee. Au bout de quatre mois, Tino n'avait pas réussi à aimer ce pays et encore moins sa cuisine : la culture du hamburger-Coca-Cola n'était vraiment pas pour lui. En revanche, il a toujours laissé outre-Atlantique un souvenir ému dans le cœur de nombreux Américains. En 1985, alors que je participais au MIDEM de Cannes, je fus présenté, lors d'un dîner au Moulin de Mougins, au producteur de Madonna, Seymour Stein. Aussitôt, celui-ci entonna, devant l'assistance médusée, quelques-uns des refrains les plus célèbres de Tino. Vieni, Vieni, Marinella, Tchi-Tchi... presque tous y passèrent!

A peine rentré à Paris, mon père peut constater qu'il n'a rien perdu de sa popularité dans son pays. On lui propose un quatrième film, *Lumières de Paris,* dans lequel il retrouve Carette. Pasquali, Doumel, « Bubu » (Raymond Bussières) et Marie Bizet (créatrice de l'immortelle *Auberge des Trois Canards*) sont aussi de la distribution, ainsi que les ravissantes Blue Bell Girls, puisque le scénario tourne autour de la revue d'un casino célèbre dont le chanteur vedette s'appelle Carlo Ferrari, alias... T.R.

Lumières de Paris sort en octobre 1938. Au Grand Rex, la direction imagine une attraction musicale avant le film : reprendre en pot-pourri tous les succès de Tino. C'est à un jeune chanteur, inconnu du grand public, mais que mon père a déjà repéré dans des cabarets et qu'il impose pour la circonstance, que va incomber ce délicat exercice, qu'il répétera cinq fois par jour (à chaque séance) : Roland Gerbeau. *Lumières de Paris* reste plus d'un mois à l'affiche du Grand Rex : toutes les distractions font salle comble au moment où le pays savoure la joie illusoire des accords de Munich qui ont, pour un temps, fait croire que la guerre n'aurait pas lieu. Dans l'allégresse générale, quelques Cassandre tentèrent de faire entendre leurs prophéties de malheur. C'était peine perdue. Comme l'invectiva Montherlant, « sur le demi-cadavre d'une nation avilie, la France va retourner à la belote et à Tino Rossi ».

La formule n'est pas tendre pour Tino, et Montherlant ne comptait apparemment pas au nombre de ses admirateurs mais, avec le recul de plus d'un demi-siècle, la violence du raccourci montre à quel point une « tinorossite » aiguë s'était emparée du pays. En 1939 mon père adressa aux radios une lettre stupéfiante : il leur demandait de moins passer ses disques, de crainte de lasser le public ! Heureux homme qui succombait sous le poids du succès.

Munich n'avait servi à rien. C'était reculer pour mieux sauter. Quelques mois plus tard, tout le monde a conscience qu'une époque – ces années folles de l'entre-deux-guerres – s'achève. Dans le même mouvement, la liaison Tino-Balin touche elle aussi à sa fin. La jalousie de Mireille, à la limite de la névrose, avait fini par rendre la vie impossible à mon père. Elle ouvrait son courrier, vidait ses poches, fouillait ses tiroirs..., rien ne la rassurait jamais et c'étaient de violentes crises, de plus en plus fréquentes, qui les épuisaient tous deux, malgré la force intacte de la passion qui les poussait l'un vers l'autre.

L'invasion allemande va se charger de brusquer leur séparation. Au lendemain de l'armistice, ils sont séparés par la ligne de démarcation : Tino, démobilisé, se trouve à Marseille, Mireille est à Paris. Il va profiter de cette frontière tirée entre eux pour rompre. Il reste à Marseille et coupe les ponts.

Leur liaison a duré trois ans. Trois années de folie merveilleuse, de déchirements, de retrouvailles, de bonheur incroyable, de disputes homériques. Leurs routes ne se croiseront plus, mais jamais Tino n'oubliera cette aventure exceptionnelle qu'il lui avait été donné de vivre. Et lorsque pour Mireille Balin la roue tourna, discrètement, mais fidèlement, il lui vint en aide, notamment par l'intermédiaire de Paul Azaïs. Ma mère était au courant. Mieux : elle l'approuvait.

Avec
Joséphine Baker

Avec
Vincent Scotto

1941. Avec Marcel Pagnol

Avec Charles Trenet

Avec Johnny Halliday

Mars 1956. Avec Lili et Maurice Chevalier.

Avec Bourvil et André Trives.

Lilia Vetti

1967.
Avec la Môme Moineau.

Avec Laurent

Au Scudo. 1965. Famille Pagnol et famille Rossi

Au Scudo. 1959. Avec Curd Jurgens et Antoine Bonelli.

Chapitre VI

TANT QU'IL Y AURA DES ÉTOILES *

Ce n'était pas si simple de se séparer d'une femme comme Mireille Balin. Dans le souvenir des proches qui l'ont côtoyé alors, Tino était abattu, profondément marqué. Ne voulant pas affronter une solitude qui l'aurait renvoyé aux images du bonheur envolé, il vint se réfugier à Marseille chez Marie-Jeanne et Louis Roucoule qui partageaient (Marie-Jeanne ne se mariera qu'en 1946) une superbe villa en bord de mer, au 46, avenue de la Plage. Accueilli à bras ouverts par ces fidèles amis chez qui il se sentait comme chez lui, il s'y installa pour plusieurs mois. Un jour, Marie-Jeanne voulant rentrer en taxi à son domicile s'entendit répondre par le chauffeur, quand elle lui eut donné son adresse :

– Ah! vous allez chez monsieur Rossi!

– Eh non, fada! Je vais chez moi!

Au bout de quelques semaines cependant, Tino retrouvera le goût de sortir. Marseille, en ce

* V. Scotto, A. Hornez, H. Vendresse.

temps-là, bourdonnait d'une vie culturelle animée, renforcée par les contingents d'artistes parisiens venus s'abriter en zone libre. La ville comptait plusieurs salles de spectacle – outre l'Alcazar et les Variétés, il faudrait citer l'Odéon, le Pathé-Palace, le Capitole, le Gymnase. Il y avait aussi de nombreux bars à la mode, tels le Noailles, ou le Cintra, et des dancings : le Paris-Montmartre, l'Ambassy ou le Melody, aménagé dans les sous-sols du Grand Hôtel et qui vit débuter Charles Trenet.

Dans tous ces lieux, mon père retrouvait des amis, des chanteurs, comme lui, ou des artistes de music-hall, mais aussi des écrivains, des poètes, des peintres. Et beaucoup de Corses, bien sûr. Certains étaient « artistes » également, mais dans un genre particulier. Ils faisaient chanter les serrures et danser les coffres-forts. Bref, ces artistes-là étaient les « vedettes » du milieu marseillais. Je vais peut-être surprendre mes lecteurs en révélant que mon père fréquentait quelques-uns d'entre eux. On ne peut comprendre ce genre de relations si on ne connaît pas l'esprit corse. Ces hommes marqués par leur origine insulaire aimaient se réunir entre eux pour retrouver l'usage de leur langue – mon père aimait parler le corse aussi souvent qu'il le pouvait – et partager leur commun amour des chansons et de la guitare. Ils étaient corses avant tout, le reste importait peu.

Tino était très lié à certains bandits qui vénéraient sa voix d'or. Ils le respectaient en tant qu'homme ; jamais ils ne se seraient permis de se mêler de sa vie privée ni n'auraient tenté de le

« mouiller » dans une quelconque affaire louche en se servant de son nom comme couverture. A ce sujet je peux citer l'exemple d'un certain « Jo », gros bonnet de la pègre marseillaise, connu comme le loup blanc même à Paris, qu'il visitait régulièrement pour son « travail ». Fidèle client du Fouquet's, « Jo » prenait souvent le pastis en compagnie de mon père, mais s'il le voyait en conversation professionnelle, il s'abstenait de venir le saluer, de crainte de le gêner vis-à-vis de ses interlocuteurs.

En retour, mon père ne portait aucun jugement sur les activités de quelques-uns de ses meilleurs amis et il se gardait de faire étalage de ce qu'il savait. Un jour, déjeunant au Claridge, il se retrouva voisin de table du nouveau ministre de la Justice, un Corse qu'il connaissait également très bien. Le ministre, venant saluer Tino à sa table, lui demanda tout à trac :

– Ô! Tino! où il est, X?

Il s'agissait d'un Corse en fuite, activement recherché par la police et dont le ministre savait qu'il était un ami de mon père. Celui-ci ne se laissa pas démonter :

– Et tu crois peut-être que je vais te le dire? répondit-il au ministre. Qu'est-ce que tu t'imagines? Dans six mois, tu ne seras plus ministre, mais lui sera toujours mon ami!

Les histoires de mon père avec ce genre de relations étaient si succulentes quand il me les racontait – il y aurait de quoi y consacrer un volume entier – qu'on les aurait crues dialoguées par Marcel Pagnol. Je n'en citerai qu'une, délicieuse. Un après-midi, Tino avait été invité à boire le pastis chez un « célèbre » Corse qui avait fait fortune, entre autres, dans le trafic de cigarettes. Celui-ci, tout fier, annonça à mon père :

– Tu sais, Tino, je vais produire un film !

– Ah bon ! Et quel film ?

– L'histoire de Sampiero Corso *.

– Qui va le faire ?

– Orson Welles.

– Tu sais, le prévint mon père, Orson Welles est un génie, mais il a un gros défaut, c'est qu'il commence un film et ne le finit pas.

Alors l'autre, superbe :

– S'il finit pas celui-là, il en commencera pas un autre !

Puisque la guerre s'est installée dans la durée, le pays se réorganise en fonction de la ligne de démarcation qui le coupe en deux. Au début de 1941, Tino se voit offrir la vedette d'un film de Pierre Billon inspiré d'un scénario de Jacques Prévert, *Le soleil a toujours raison,* qui sera entièrement tourné à Marseille. La distribution est éclatante : Germaine Montero, Charles Vanel, Pierre Brasseur et une jeune starlette d'une beauté ravageuse qui décrochait là l'un de ses premiers grands rôles, Micheline Presle. La rumeur a

* Sampiero Corso : célèbre patriote corse du XVIe siècle. Entré au service de François Ier, il fut le principal instigateur de l'intervention française en Corse contre les Génois. Sa femme, Vanina, ayant cherché à négocier avec eux, il l'étrangla et mourut assassiné, en 1567, trahi par un compagnon de maquis. La légende va traverser les mers et viendra aux oreilles de Shakespeare, qui s'en inspirera pour *Othello*... Lequel *Othello* sera mis en scène et interprété au cinéma par Orson Welles. Pour les Corses, Sampiero Corso est devenu un héros mythique.

parlé d'une liaison entre elle et Tino. Je n'ai pas osé lui demander si ce n'était qu'une rumeur...

Le soleil a toujours raison ne sortira sur les écrans parisiens qu'en janvier 1943, soit plus d'un an et demi après la fin de son tournage. Dans l'intervalle, il se sera passé beaucoup de choses dans la vie de mon père : de nouvelles chansons, de nouveaux films, et grâce à eux, de nouvelles rencontres, très importantes.

Sitôt terminé *Le soleil a toujours raison*, il décide de rallier Paris, où on lui propose de tourner avec Madeleine Sologne, Jacqueline Delubac et Ginette Leclerc dans un film de Jean Delannoy, *Fièvres*. Tino y incarne... un moine, frère Marco, qui vingt ans plus tôt fut un jeune chanteur adulé des femmes, sous le nom de Jean Dupray. Rival de son meilleur ami dans le cœur d'une belle, Jean faillit le tuer au cours d'une rixe. Désirant expier, il quitta le monde pour ne plus consacrer son chant qu'à Dieu. Voilà pourquoi Tino interprétait dans le film deux chants religieux, *O sacrum convivium* de Haendel et l'*Ave Maria* de Schubert. Par la suite, lors de ses tours de chant, le public lui réclamera avec tant d'insistance cet *Ave Maria* qu'il se décidera à l'inscrire à son répertoire de scène, non sans avoir longuement hésité. Il fut ainsi le premier artiste à « oser » un chant sacré dans un music-hall.

C'est pendant le tournage de *Fièvres* que mon père va faire la connaissance de Louis (Loïe) Milliard, le petit frère de Justin, directeur de l'Alcazar de Marseille. Comme je l'ai déjà raconté, Loïe s'était lancé dans la production de films. Il approcha mon père, qu'il admirait depuis le jour où il l'avait vu chanter à l'Alcazar, dans l'espoir de monter un projet avec lui. Il y réussit, puisqu'ils feront ensemble, en 1943, *L'Ile d'amour.* Mais dès l'été 1941, mon père et Loïe deviennent amis. Au fil des ans leur amitié ne cessera de se renforcer. Loïe et sa femme Mireille – malheureusement disparue – sont sans conteste ceux qui ont le mieux connu Tino.

« Les deux plus grandes qualités de ton père, c'était la simplicité et le sens de l'amitié. Il était très fidèle en amitié », m'a souvent répété Loïe. Ces qualités valent autant pour lui. Tino savait que jamais Loïe ne se prévaudrait de sa relation privilégiée avec lui pour en tirer orgueil ou faire un mauvais usage de ses confidences. Par-delà la mort, il n'a pas failli à cette fidélité. Loïe m'a beaucoup aidé pour faire ce livre mais chaque fois que je voulais aborder avec lui la vie privée de mon père, « il dégageait en touche » comme on dit au rugby. A force, il a tout de même fini par m'en raconter de belles sur leurs fredaines de jeunesse. « Ton père avait toutes les femmes à ses pieds, mais il est toujours resté très timide. Ce n'était pas un cavaleur. Quand nous sortions ensemble, c'est moi qui devais draguer pour nous deux... »

En même temps qu'il travaille à *Fièvres,* Tino enregistre de nouvelles chansons – à cause de la guerre, son dernier disque remonte au printemps 1939 ! Un jour, chez Pathé, il entend dans un studio l'orchestre de Raymond Legrand jouer un air qui retient immédiatement son attention. Le morceau fini, il demande au célèbre chef d'orchestre : « Qu'est-ce que c'est que cette chanson ? » Raymond Legrand lui explique qu'elle est l'œuvre d'un jeune compositeur du nom d'Henri Bourtayre. « Envoie-le-moi demain », répond Tino.

Le lendemain, Henri Bourtayre vint frapper à la porte de la suite que Tino occupait au George-V, sa résidence parisienne d'alors : « Il me reçut en robe de chambre gansée et foulard de soie, raconte Henri Bourtayre. Il avait l'allure d'un seigneur, mais il me témoigna tout de suite une très grande gentillesse. " Votre chanson me plaît énormément, me dit-il. Depuis hier je la fredonne sans cesse. Je veux la mettre dans mon prochain film. " » Et c'est ainsi que *Ma ritournelle* figura sur la bande originale de *Fièvres* et devint l'un des succès incontournables de Tino Rossi.

Henri Bourtayre composa par la suite bien d'autres chansons pour mon père (en tout, près de soixante-dix). Il écrivit aussi pour d'autres grandes vedettes, Chevalier, Yvonne Printemps. Mais *Ma ritournelle* était la toute première création de ce jeune homme qui avait commencé à travailler modestement en 1937 dans l'ombre de l'orchestre de Ray Ventura où il s'occupait des partitions. Le fait que Tino se soit emparé de sa chanson n'a pas peu contribué à lui mettre le pied à l'étrier : « Dès qu'il en prenait une, il en faisait un succès, raconte encore Henri. C'était inouï. Je n'ai revu ça avec aucun autre chanteur. »

L'anecdote est révélatrice de la manière dont travaillait mon père. Il se tenait toujours au courant de ce qui se passait dans le métier. S'il était resté enfermé dans sa tour d'ivoire, il n'aurait sans doute pas tenu aussi longtemps. Attentif à ce que faisaient les uns et les autres – il se rendait régulièrement au spectacle, quand lui-même ne se produisait pas sur une scène –, il décelait les nouveaux auteurs intéressants et savait se les attacher. Ils venaient à lui, attirés par son nom, et ils restaient, impressionnés par son professionnalisme et la sûreté de son jugement. Il déclarera un jour à Pierre Desgraupes s'être volontairement obstiné à ne pas étudier le solfège : « Si je savais qu'ici il y a un *do* et là un *ré*, si j'avais dans la tête que ces notes existent, ça me gênerait dans mon interprétation... Je crois que ne pas me soucier des notes me laisse une liberté que n'a pas un chanteur éduqué. » Malgré cette ignorance voulue, « c'est lui qui m'a appris mon métier, confesse Henri Bourtayre. Il m'expliquait les respirations, les notes posées ou tenues. Il avait un sens inné de ce que devait être une chanson, de son déroulement. Il était infaillible sur ce chapitre. En fait, *Ma ritournelle* a été complètement modifiée par lui ! »

Du jour de leur rencontre, ils ne vont plus se quitter, inséparables, jusqu'au mariage de Tino avec ma mère, qui sonnera le glas de sa vie de garçon. Henri lui servait tout à la fois de secrétaire, de compositeur, de doublure dans ses films, quand il fallait répéter un plan pour la mise au point technique, et de compagnon de sortie. Le soir, Henri, pour arrondir ses fins de mois, était pianiste dans un restaurant de la rue de Ponthieu, tenu par Viviane Romance et son ami de l'époque, un Biarrot du nom de Clément Duhour. Ce restaurant, le Cavalier, était devenu pendant la guerre le rendez-vous des artistes. On y mangeait toujours bien, et à profusion. Les parents de Clément

Duhour étaient fermiers aux environs de Biarritz et leur fils faisait venir de chez eux toutes sortes de bonnes choses qui paraissaient un luxe au regard des privations auxquelles l'Occupation soumettait les Parisiens. En fin de soirée, Henri retrouvait Tino pour faire la tournée des night-clubs ou des bars qui avaient la permission de minuit. Comme tous les gens du spectacle, mon père n'était pas un lève-tôt mais un couche-tard.

Aussi souvent qu'il était disponible, Henri faisait également office de chauffeur. Mon père a toujours adoré les belles voitures. Il en a possédé plusieurs, Rosengart, Cadillac, Delage, Buick, Mercedes. Dans les dernières années, il s'est offert le luxe suprême, qu'il avait toujours retardé, par pudeur, une Rolls. De couleur bordeaux, elle était immatriculée 20 ER 20 E pour Emmanuel, R pour Rossi et 20 parce qu'on ne disait pas encore 2A et 2B. Je l'ai gardée.

Il aimait dans une voiture le confort et l'esthétique, l'harmonie des formes. Il n'entendait rien à la mécanique et je pense ne rien enlever à sa gloire en disant qu'il conduisait plutôt mal. C'était d'ailleurs un perpétuel sujet de galéjade – ou d'effroi ! – avec ses amis. Dès l'instant où il prenait le volant, on pouvait s'attendre au pire. « Une fois, en Corse, se souvient Loïe, à un ami qui montait avec Tino j'avais dit : “ Adieu, pôvre, je ne sais pas si on se reverra ! ” Tino était furieux : “ Mais enfin ! Je ne conduis pas si mal que ça ! ” Une heure après, l'ami me téléphone d'un village : ils avaient versé dans le fossé ! »

Tout en conduisant, mon père bavardait ou chantonnait sans cesse. Il était très distrait et finissait par oublier qu'il tenait un volant entre les mains. Je me souviens d'un jour où, tout gamin, il m'avait emmené avec lui sur la Côte. Il avait à ce moment-là une belle Buick jaune beurre décapotable. Il avançait si lentement que j'étais vert de rage de voir que tout le monde nous doublait en klaxonnant, même les 2 CV. N'y tenant plus, j'ai enfoncé son pied sur l'accélérateur. Il m'a donné une gifle retentissante. C'était la première fois – et du reste la dernière – qu'il me frappait et pendant des heures il s'en est voulu. Il était plein de remords... mais il ne roulait pas plus vite pour autant ! Il faudrait aussi raconter l'histoire de cette Delage qu'il abandonna au beau milieu des Champs-Élysées parce qu'il la trouvait trop nerveuse ! Ou cette 2 CV qu'il avait proprement emboutie avec sa Cadillac rutilante, comme dans *Le Corniaud*, en se garant près des Buttes-Chaumont, pour se rendre dans un studio de télévision. Avec la même Cadillac, il emboutit également à Cannes la Mercedes d'un jeune Allemand qui n'eut pas le loisir de protester : Tino, pourtant fautif, l'empoigna par le col et lui dit de dégager le terrain : « Vous nous avez assez fait ch... pendant la guerre. » Les gens, massés aux fenêtres, applaudissaient, mieux, l'encourageaient !

En certaines occasions il y avait cependant quelque avantage à se faire véhiculer par Tino. « Peu de temps après la guerre, raconte encore Loïe, nous avions fait ensemble Paris-Marseille. L'autoroute n'existait pas, c'était une véritable expédition. Sur la fin du trajet, fatigué, je lui avais passé le volant. Nous sommes entrés dans Marseille vers les quatre heures du matin, sans encombres, jusqu'à ce que ton père brûle un feu rouge, qu'il n'avait évidemment pas vu. Par malchance un agent se trouvait dans les parages et lui ne nous a pas loupés. Il nous a fait arrêter et il est venu de mon côté : " Alors ce feu ? On le respecte pas ? " Moi, penaud : " Mais il est quatre heures du matin... – Et alors ! Il est rouge comme à midi ! – Bon, d'accord... Mais c'est pas moi le chauffeur, c'est lui ! " Alors l'agent se penche et reconnaît Tino. " Ah, c'est vous, monsieur Tino Rossi ! Ça va, vous pouvez passer ! Mais, lui, attention, je l'ai à l'œil ! " »

Fin 1941, Tino est engagé pour un septième film, *Le Chant de l'exilé*, dont le plus gros du tournage est prévu à Marseille. Il redescend donc sur la Côte, mais avant de commencer à travailler il s'accorde quelques jours de repos à Aix-les-Bains, sur les rives du somptueux lac du Bourget célébré par Lamartine. Depuis l'invasion allemande, la ville, située en zone libre, est devenue un abri très recherché des Parisiens qui peuvent s'échapper de la capitale et les distractions y vont bon train. Le hasard veut que Mistinguett se produise à ce moment-là au casino d'Aix, accompagnée du ballet de Bentyber et Arambol, uniquement composé, comme les célèbres Blue Bell Girls, de fort jolies filles.

Tino et la Miss se connaissent, bien sûr, et s'estiment beaucoup. Avec Chevalier et Joséphine Baker, ils constituent le « carré magique » qui a fait les beaux jours du Casino de Paris avant guerre. Aussi, à peine Tino est-il arrivé à Aix que Mistinguett l'invite pour une baignade dans le lac suivie d'une promenade en pédalo. Et le soir mon père assiste tout naturellement à son spectacle. En 1941 Mistinguett n'est déjà plus toute jeune. Pourtant, malgré son âge, elle a la gambette aussi gracile et la lève toujours avec autant de panache. La salle du casino retentit de bravos enthousiastes et reprend en chœur avec elle « C'est vrai !... » Toutefois, c'est un autre spectacle qui captive Tino. Parmi les danseuses qui entourent la vedette, il a remarqué une jeune et belle brune avec qui il échange des regards éloquents.

Le rideau tombé, Mistinguett vient s'asseoir à la table de Tino et commande du champagne. Pendant que le maître d'hôtel débouche la bouteille, elle chuchote quelques mots à un serveur. Deux minutes plus tard, la jeune danseuse arrive à la table. La Miss, qui a lu dans les yeux de Tino le désir qu'il n'ose pas exprimer, fait les présentations :

– Voici Lilia. Ma petite Lilia, voici le célèbre Tino.

A la fin de la soirée, Tino ramène sagement la jeune fille à son hôtel et ils promettent de se revoir le lendemain. Lili – comme l'appelle tout de suite Tino – n'a que dix-huit ans. Mon père approche des trente-cinq, a déjà vécu deux mariages et cette passion avec Mireille Balin qui lui a laissé un goût amer.

Pendant les deux semaines que Tino passe à Aix, ils se voient tous les jours. Puis Tino doit rejoindre Marseille pour commencer *Le Chant de l'exilé*. Lili reste sur les bords du lac du Bourget, mais ils se téléphonent chaque soir. Quelque temps après, le ballet Bentyber et Arambol dans lequel Lili est toujours une danseuse anonyme décroche un engagement pour Marseille. Les deux amoureux sont ravis de se retrouver, mais Tino, avec cette très jeune fille, avance prudemment. Il ne veut rien lui promettre, car même s'il commence à se sentir épris, il reste échaudé par le souvenir de ses déboires précédents. Ils continuent toutefois de se voir le plus souvent possible et un jour où ils se sont attardés en promenade, Lili se présente en retard à une répétition. Madame Arambol, très sèche, lui annonce qu'elle ne sera pas payée de toute une semaine.

Quand il apprend cela, Tino, outré, lui propose de laisser tomber la danse et de travailler pour le cinéma en lui obtenant un petit rôle dans son film. *Le Chant de l'exilé* marqua ainsi les débuts à l'écran de Lilia Vetti. Ce même film, qui réunissait autour de Tino, Ginette Leclerc, Aimé Clariond, Maurice Baquet et Gaby Andreu, donnait également sa chance à un jeune débutant qui fera après guerre une belle carrière, Luis Mariano.

Mariano vénérait mon père. Il avait déclaré un jour : « La vie a voulu que Poulidor arrive dans la génération d'Anquetil comme moi dans la génération de Tino Rossi. » C'était faire preuve de beaucoup d'humilité de la part d'un homme qui a connu une immense carrière et que le public adulait. Mais Mariano était comme ça : une simplicité, un charme et une gentillesse naturels qui faisaient de lui plus qu'un prince de l'opérette, un prince tout court. Pour mon père, un seul autre artiste pourra lui être comparé, Thierry Le Luron, dont les qualités humaines et le talent se rejoignaient. Malgré leur différence d'âge, Tino et

Thierry s'entendaient très bien et s'amusaient comme des collégiens lorsqu'ils se rencontraient. De son côté, Thierry était plein d'admiration pour mon père, et il lui confia un jour qu'il était devenu imitateur parce que son propre père imitait la voix de Tino Rossi.

Le tournage du *Chant de l'exilé* doit s'achever à Paris. Tino repart une nouvelle fois pour la capitale, sans Lilia dont le rôle est terminé. Elle rejoint ses parents à Nice, sa ville natale, où son père est ébéniste. Son vrai nom était Lilia Cervetti. C'est Tino qui l'abrégea en Lilia Vetti.

Mais à Paris on s'aperçoit que la présence de Lilia est finalement indispensable pour opérer quelques raccords : on la rappelle et elle retrouve son partenaire à l'écran. De ce jour, ils ne se sont plus quittés. Tino, à cette période-là, traverse un moment douloureux. Son père, Laurent-le-Maire, est décédé d'une crise cardiaque... aux bains publics à Cannes. Il n'avait en effet rien voulu changer à ses habitudes plébéiennes, sous prétexte que son fils avait réussi. Mon père, qui ne répondait jamais au téléphone, avait décroché cette fois pour entendre cette terrible nouvelle. Il recueillit sa mère et, pour cette raison, abandonna le George-V au profit d'un grand appartement rue de Berri, près des Champs-Élysées.

Le voilà devenu « chef de famille » et peut-être cette nouvelle situation le motivait-elle davantage pour fonder un foyer. Toutefois, échaudé par les échecs successifs qui ont ponctué sa vie sentimentale depuis son premier mariage, il va prendre son temps. La présentation à ses futurs beaux-parents n'aura lieu qu'en 1943 et le mariage lui-même ne sera pas célébré avant l'été 1947, soit six ans après leur rencontre!

Cependant, sans attendre d'avoir la bague au doigt, Lili fait désormais partie intégrante de la vie de Tino. Elle tourne dans tous ses films, le suit à chacun de ses spectacles. Et ils sont nombreux, dans ces années 1942-1944. La guerre ayant obligé Félix Marouani à se réfugier en Tunisie, mon père a employé les services de l'ancien imprésario de Mireille Balin, André Trives, qui deviendra également, par la suite, l'imprésario de Bourvil, puis d'Annie Cordy. Leur association fonctionne à merveille. L'époque est sombre. La population, opprimée par les Allemands, en butte aux privations diverses, accueille avec plaisir toutes les occasions de loisir ou d'évasion par le rêve. Pendant l'Occupation, cinémas et salle de spectacles ne désemplissaient pas et les ritournelles de mon père comptaient au nombre de ces délassements qui rendaient la pilule un petit peu moins amère.

On continue de réclamer Tino partout, sur scène comme à l'écran. Après *Le Chant de l'exilé,* sorti en avril 1943, Tino a enchaîné avec *Mon amour est près de toi,* de Richard Pottier, sorti à l'automne de la même année, avant d'attaquer enfin cette *Ile d'amour,* produite par son ami Loïe. Comme le titre le laisse deviner, l'histoire se déroule en Corse et aurait dû se tourner là-bas, mais, raconte Loïe, « il nous fut impossible d'obtenir l'autorisation. Nous nous sommes rabattus sur la Côte, près de Saint-Tropez, en promenant avec nous deux aloès et une croix, pour faire corse! Nous étions suivis par un feldgendarm qui devait surveiller nos faits et gestes. On lui offrait tellement de pastis qu'il ne surveillait rien du tout ! Il ne s'apercevait même pas que les techniciens n'étaient jamais les mêmes. Forcément, c'était une couverture pour les maquisards ! A la fin du tournage, le feldgendarm nous avait pris en affection. Il a déserté et m'a demandé de le planquer. J'étais bien embêté. »

Un soir où l'équipe est très fatiguée, Mireille Milliard propose de dormir dans une auberge proche, qu'elle vient de dénicher. Mon père, qui aimait bien ses habitudes, préfère repartir pour Cannes, où il loge avec Lili dans un grand hôtel. Le lendemain, ils découvrent avec stupéfaction que le village près duquel ils travaillent a été bombardé. De l'auberge repérée par Mireille il ne reste plus qu'un amas de ruines fumantes...

Cannes, elle-même, n'était plus un havre de paix depuis que les Allemands avaient franchi la ligne de démarcation. « Un soir, raconte ma mère, nous rentrions à notre hôtel avec Tino et les Milliard quand nous sommes arrêtés dans le hall par deux hommes vêtus de noir qui nous demandent nos papiers. Ils nous laissèrent partir, heureusement. Arrivés devant l'ascenseur, nous vîmes la porte s'ouvrir et en sortir Georges Cravenne. Nous ignorions qu'il séjournait dans l'hôtel. Aussitôt, Tino eut le réflexe de le repousser au fond de l'ascenseur et de lui dire de retourner dans sa chambre. Il lui a sans doute sauvé la vie ce soir-là. » Depuis la disparition de mon père, ma mère n'a plus jamais eu de ses nouvelles...

Les scènes d'intérieur de *L'Ile d'amour* réservent d'autres surprises. Elles sont filmées en studio, à Paris, pendant cet hiver 43-44 où il gèle à pierre fendre. « Nous étions obligés de tourner la nuit, car à cause des restrictions les studios n'avaient droit à l'électricité que passé dix heures du soir. Dès qu'il ouvrait la bouche, pour chanter ou parler, Tino faisait un nuage de buée. Ça ne collait vraiment pas avec le scénario, situé en plein été corse ! Heureusement, quelqu'un nous avait donné un truc : il fallait sucer de la glace avant de parler, ainsi la buée disparaissait. Tino suçait donc plusieurs glaçons par nuit. Au petit jour, il ne sentait plus sa langue ! »

L'Ile d'amour sort sur les écrans parisiens le 24 mai 1944. Deux semaines plus tard les Alliés débarquent en Normandie. Fin août la capitale est libérée. Quand il paraît clair que les Allemands ne cesseront plus de reculer, les règlements de compte entre Français commencent. C'est l'heure de la grande lessive. Cela m'amène maintenant à aborder une page pénible de la vie de mon père, que je tiens à éclairer de tout ce que je sais, c'est-à-dire la vérité racontée par la bouche même de ma mère :

« Un après-midi du début octobre 1944, après un gala donné au profit des vieilles gens de Montmartre, deux policiers qui attendaient dans les coulisses demandèrent à ton père de les suivre. Ils souhaitaient, disaient-ils, obtenir des " renseignements " sur un Corse qu'ils recherchaient activement. Tino n'eut pas le loisir de refuser de se rendre à une pareille " invitation ". Une fois au commissariat, les choses prirent une tournure nettement plus aigre. Le commissaire l'interrogea sommairement avant de crier à deux gardiens :

“ Les Corses m’en ont assez fait voir. Foutez-moi ça au trou ! ” J’étais présente et aujourd’hui encore, ces mots me font frissonner. Avec ton père, nous n’avons jamais pu oublier cette phrase. Lui, venu sans défense, sans avocat, réalisa brutalement qu’il allait payer, à cause de sa célébrité et de ses origines. Il fut aussitôt enfermé dans une cellule, et il y restera trois mois ! »

« En plus d’être corse, on reprochait à ton père d’avoir continué à exercer son métier pendant l’Occupation, m’a expliqué Loïe. Mais les coiffeurs, les garçons de café et tous les autres, eux aussi ils avaient continué à travailler. A ce compte-là, il aurait fallu mettre les trois quarts du pays à l’ombre. C’était bien sûr impossible. Alors les épurateurs préférèrent trouver des boucs émissaires, jeter en pâture à l’opinion publique des noms célèbres. » Sacha Guitry et bien d’autres en feront la triste expérience.

Tino Rossi n’a jamais chanté pour les nazis, ni pour Vichy. Il avait en particulier refusé d’enregistrer *Maréchal nous voilà*, alors qu’on lui proposait un cachet très conséquent. Pour se dégager de certaines invitations pressantes, il avait trouvé une parade qui, avec le recul, paraît amusante. Un oto-rhino complaisant (l’oncle d’Yves Mourousi) lui prescrivait à volonté des repos pour cause de trachéite. Quand il fallait chanter pour l’occupant, Tino n’avait plus de voix ! « Durant toute la guerre, alors que j’avais si souvent l’occasion de le rencontrer, jamais je n’ai vu qui que ce soit qui pût ressembler à un Allemand près de lui », raconte Loïe. Mieux, dit ma mère : « Il travailla pendant la guerre avec un merveilleux pianiste d'origine israélite, qui vit encore aujourd'hui, Norbert Glansberg *. Un jour, lors d'une répétition à Aix, Tino fut averti que les Allemands viendraient contrôler les identités dans la troupe. Aussitôt, il affubla Norbert d'un costume corse et lui dit : " Tu t'assieds là, tu ne bouges plus et tu la fermes ! " Quand les Allemands vinrent, ton père déclara avec aplomb que tous ses musiciens étaient corses ! »

Henri Bourtayre cite un autre exemple éloquent : « Pour *Fièvres*, nous avions obtenu l'autorisation de tourner quelques scènes à Royan. Les nazis, craignant déjà un débarquement allié, avaient truffé le littoral de soldats. C'était plein d'Allemands partout. Un soir, dans une auberge, quelques-uns de leurs officiers occupaient la meilleure table. Quand ils ont reconnu Tino, ils nous ont invités à les rejoindre. Ton père m'a fait saliver : " Tu te rends compte, Henri, si on y va, toutes les bonnes choses qu'on aura ! " Et lui qui était si gourmand énumérait en se léchant les babines les mets de choix que les officiers s'étaient réservés. A la fin de ce petit jeu cruel, il a simplement lâché : " Eh bien, on n'ira pas ! " »

Tino était si convaincu de son bon droit qu'il interdit à Lili de soudoyer quiconque pour aider à sa libération : « Je n'ai rien à me reprocher, lui dit-il un jour, si tu donnes un franc, nous deux c'est fini ! »

Le juge qui instruisit le dossier dut se rendre à cette évidence que les charges retenues contre

* Il composa, entre autres, *La Foule* et *Padame, Padame*, pour Piaf.

Tino Rossi ne présentaient pas le moindre commencement de preuve. On le libéra et le public, qui ne comprenait rien à cet acharnement contre les célébrités qui payaient soudain le tribut de leur gloire, lui renouvela aussitôt sa confiance – et son admiration intacte. « En revanche, raconte ma mère, le commissaire qui l'avait arrêté fut lui-même jeté un peu plus tard en prison... pour trafic de drogue ! »

Les galas reprirent, organisés de nouveau par Marouani, rentré en France et que mon père avait réengagé aussitôt. Mais, ne voulant pas faire de peine à André Trives, qu'il aimait beaucoup, il le garda également, et « coupa la poire en deux » : à Marouani les spectacles de variété, à Trives le cinéma.

En mars 1946, un nouveau film, *Sérénade aux nuages*, le premier à remettre Tino en vedette après la Libération, attira dans les salles des dizaines de milliers de spectateurs malgré une critique mitigée.

La même année, les spectateurs découvrent également *Destins*, qui sort au moment des fêtes de fin d'année. Dans ce film de Richard Pottier, Tino, pour la première fois, interprétait deux rôles différents, il jouait deux frères et c'est Henri Bourtayre qui lui servait de doublure. Toutefois, ce qui fait le succès du film ce n'est pas cette performance d'acteur, mais la musique. Et, plus précisément, une seule chanson, *Petit Papa Noël*.

A l'origine, Tino devait se noircir le visage et chanter un negro spiritual avec un quartet de Noirs américains aux voix sublimes. Mais ils repartirent à New York avant d'avoir eu le temps d'enregistrer la chanson. Tino décida de renoncer à ce tableau, plutôt que de risquer de tomber sur des remplaçants de moins grand talent. En cherchant autre chose, il se rappela *La Pastorale* jouée naguère avec Petit Louis dans le théâtre d'Aix-en-Provence. « Que diriez-vous d'un beau noël ? » demanda-t-il au dialoguiste, le célèbre Carlo Rim. « Formidable ! Un noël provençal ? – Non, répondit Tino, un noël français, que tout le monde pourra comprendre. Il nous faut une chanson nouvelle. »

D'abord on ne trouva rien. Puis le hasard voulut qu'Audiffred, l'imprésario des débuts marseillais, eut l'idée de faire entendre à Tino une composition d'Henri Martinet et Raymond Vinci, *Petit Papa Noël,* chantée dans une revue à Marseille. Elle n'avait pas marché du tout, plus personne ne la voulait. Mais Tino, dès les premières notes, devina qu'il avait enfin trouvé ce qu'il cherchait. Et, avec sa voix d'or, il transforma *Petit Papa Noël* en ce succès que tout le monde connaît par cœur et qui, année après année, continue d'être classé dans le Top 50 au moment des fêtes. Je tiens d'ailleurs à préciser qu'il est le seul artiste à avoir reçu, grâce à cette chanson, un « disque d'or » en or massif, 24 carats, au lieu d'être simplement plaqué, comme c'est le cas d'ordinaire.

Sans rancune, mon père a donné à la France – qui lui avait pourtant fait passer la Noël 1944 derrière les barreaux – son plus beau chant de Noël. En retour la France effacera les soupçons injustes qu'elle a fait peser sur lui. En 1949 il est nommé chevalier de la Légion d'honneur. Fondée par Napoléon, cette récompense (qui lui fut remise par son ami Gaston Defferre) lui allait droit au cœur. A Jean Ambrosi (le mari de Marie-Jeanne) qui avait obtenu la rosette deux ans plus tôt, il avait déclaré : « En bon Corse, je sais ce que représente pour nous cette distinction *. »

La réconciliation officielle était donc scellée – même si mon père ne put jamais totalement effacer l'amertume de ces longues semaines pendant lesquelles, selon le mot d'un journaliste, « le rossignol était en cage ».

* En 1976 il devint officier, et commandeur en 1982.

Chapitre VII

MÉDITERRANÉE *

Le 14 juillet 1947, la ville de Cassis – ce n'était encore qu'un pittoresque port de pêche ignoré des promoteurs – est en pleine effervescence. Toute la cité fête le mariage de Tino Rossi avec Lilia Vetti. La cérémonie est célébrée par le maire, Emmanuel Agostini, dit « Mano », depuis longtemps ami de mon père. Agostini (il deviendra mon parrain l'année suivante et mon deuxième prénom sera Emmanuel) était médecin. Corse natif de Zonza, d'une grande finesse d'esprit, bon vivant, il se revendiquait socialiste, de la même tendance que Gaston Defferre, et il mettait en pratique dans son métier ses convictions profondes : il ne faisait pas payer ses consultations aux pauvres. Comme le dit Marie-Jeanne, « si tous les socialos s'étaient comportés comme lui, la France entière aurait voté pour eux ! »

A la nuit tombée, les invités de la noce se mêlent aux réjouissances populaires clôturées par le rituel feu d'artifice célébrant l'anniversaire de

* F. Lopez, R. Vincy.

la prise de la Bastille. Pour son troisième mariage – le bon ! – mon père avait souhaité une fête bon enfant. Un journaliste de *France-Dimanche*, descendu de Paris pour la circonstance, voulut montrer ce qu'il croyait être un bel esprit d'à-propos en lançant à la cantonade : « Ce soir, feu d'artifesse chez les Rossi ! »

En guise de lune de miel, les nouveaux époux partent bientôt pour l'Argentine, où Tino est réclamé depuis longtemps. Lili est bien sûr du voyage. Du reste, elle ne cessera plus de l'accompagner dans tous ses déplacements. Elle tournera encore dans deux films, à ses côtés, *La Belle Meunière* et *Marlène*, mais dès 1949 elle renoncera à sa carrière pour se consacrer exclusivement à son mari – et à son fils.

Discrète, attentive mais non possessive comme l'était Mireille Balin, Lili avait réussi à se rendre indispensable à Tino. Il savait pouvoir s'en remettre totalement à elle pour tout ce qui touchait à l'intendance et cette assurance le sécurisait, lui permettait de mieux se donner à son travail. Pour une grande tournée comme pour un gala unique, Lili préparait les valises et elle ne se trompait jamais dans cet exercice tellement important lorsqu'on est artiste. Avec elle, il ne manquait jamais le moindre bouton de manchette. Vestes, chemises, cravates... tout avait été choisi en harmonie et s'ordonnait en fonction d'un rituel immuable, fétichiste presque, voulu par Tino : une valise pour la scène, une autre pour l'hôtel. A l'arrivée dans chaque ville, ils passaient d'abord au théâtre déposer la première valise dans la loge dévolue à Tino puis allaient porter la seconde dans leur chambre d'hôtel et revenaient au théâtre pour se reposer et prendre un thé chaud accompagné de petits gâteaux avant de laisser les maquilleuses faire leur travail. Puis Lili aidait Tino à s'habiller et le spectacle pouvait commencer. Pendant près de quarante ans, ils ont répété ce même scénario des milliers de fois, sans jamais se lasser, avec toujours le même plaisir.

Tino et Lili savouraient quelques jours de repos à Buenos Aires, au terme de leur périple argentin, lorsqu'ils reçurent une lettre de Marcel Pagnol :

Mon beau Tino,

Notre projet de La Belle Meunière *est prêt. On n'attend que toi. Le moulin n'a jamais été aussi beau, et je me régale à travailler sur place. Pour le commencement du film, j'ai trouvé un ruisseau miraculeux : il jaillit du rocher par une petite cascade qui est pleine d'arcs-en-ciel. C'est exactement ce que nous cherchions...*

Dès avant-guerre, Pagnol désirait réaliser un film avec Tino. Différents sujets avaient été envisagés avant que leur choix ne se fixe définitivement sur cette *Belle Meunière*, inspirée d'un épisode sentimental de la vie de Schubert, au Tyrol, à la fin du siècle dernier.

Le scénario écrit par Pagnol commence au moment où Schubert quitte ses amis et sa ville, au début de l'été, pour aller se « ressourcer » en montagne. Remontant le cours d'un ruisseau en chantonnant, il découvre un vieux moulin. Le meunier, un brave homme, lui propose de l'embaucher pendant un mois. Schubert décline l'offre puis se ravise quand il aperçoit la fille du meunier, belle comme le jour. Il en tombe amoureux et compose pour elle quelques lieder magnifiques, mais s'abstient de décliner sa véritable identité. Finalement, l'apprenti meunier et la belle meunière décident de se marier. Las ! Le seigneur de la contrée, venu aux abords du moulin par les hasards d'une chasse au cerf, tombe lui aussi sous le charme de la jeune fille. Il l'invite à une fête dans son château. Étourdie par les beaux atours et les galanteries dont la couvre Monseigneur, elle ne reviendra pas. Auprès du ruisseau, Schubert chantera longtemps sa douleur de l'aimer encore.

Dans l'esprit de Pagnol, qui rêvait depuis longtemps à ce film, la distribution idéal aurait dû réunir Raimu dans le rôle de Maître Guillaume, le meunier, Tino dans celui de Schubert et Jacqueline Bouvier, devenue Jacqueline Pagnol, dans celui de la meunière. Ce fut impossible. Raimu fit à la fin de 1946 une très mauvaise plaisanterie à ses amis – et au public – en leur faussant compagnie pour monter au Paradis. Raoul Marco devint alors Maître Guillaume, tandis que Lili (en comtesse) et Pierrette, ma sœur (en camériste), intégraient la distribution.

Le film fut tourné dans une propriété de Pagnol, le moulin de La Colle-sur-Loup, un joli village de Provence. Moulin, ruisseau, relief accidenté et verdoyant... avec un peu d'imagination le décor naturel de La Colle pouvait passer pour tyrolien. Mais Pagnol avait oublié les cigales, dont le chant glorieux et intarissable faisait un étrange contrepoint au romantisme de l'histoire. Avant chaque prise de vue, les machinistes, parmi lesquels on comptait plusieurs prisonniers de guerre allemands, ravis de l'aubaine, devaient déployer des trésors d'ingéniosité pour chasser ces aimables bestioles. Lili, qui était enceinte de moi, déjeunait à part de l'équipe. Les odeurs de cuisine l'indisposaient et, de crainte d'éprouver des nausées, elle préférait être seule dehors, même quand il pleuvait.

Le film terminé, Pagnol organisa une première projection privée pour l'équipe et quelques amis. Jean-Charles Tacchella, un jeune journaliste passionné de cinéma (il passera un jour derrière la caméra, et deviendra célèbre), était du nombre. Assis derrière Tino, il l'entendait se moquer de lui sur l'écran. « Oh ! que je suis mauvais ! » disait-il tout haut, en riant. A l'issue de la projection, Pagnol glissa à Tacchella : « N'est-ce pas qu'il manque quelque chose à ce film ? La couleur ! Il lui manque la couleur ! Justement, il existe un nouveau procédé, le Rouxcolor. »

Un Français venait de donner son nom à une invention permettant de restituer « les couleurs naturelles » sur la pellicule. Pagnol, qui était toujours à l'affût des nouveautés techniques – n'oublions pas que la découverte du parlant décida de sa conversion au cinéma et que *Marius* fut le premier chef-d'œuvre français du genre –, s'en empara. La version noir et blanc de *La Belle Meunière* fut détruite avant même d'être montrée au public et le film fut entièrement retourné en Rouxcolor, pendant l'été 1948.

Transformé en décor, le moulin était inhabitable. L'équipe logeait donc à l'Abbaye, l'auberge

« chic » de La Colle-sur-Loup. On disait aussi « Chez Joseph », du nom du patron. On tournait le matin, ou en fin de journée. Car le déjeuner était sacré. Les amis de Pagnol et de Tino qui passaient dans la région venaient assister à un bout du tournage et restaient déjeuner. Lili prenait part aux agapes. J'étais né quelques semaines plus tôt, le 22 mai 1948. Certains jours, Joseph n'avait rien à envier au Fouquet's. Un midi, il y eut même, ensemble à la même table, Pagnol, Tino, Orson Welles, Luis Mariano et Charles Boyer!

Pagnol fut le premier et le dernier utilisateur du Rouxcolor dont on s'aperçut rapidement qu'il vieillissait mal. Et *La Belle Meunière*, sortie à Paris en novembre 1948, fut son seul film couleurs.

Les incertitudes du Rouxcolor ne suffisent pas à expliquer le succès très relatif de ce film. Les spectateurs repartaient souvent déçus. Ils n'avaient entendu aucune chanson susceptible de devenir un « tube ». En outre, grimé en Schubert, avec des petites lunettes cerclées, une perruque-crinière et un maquillage qui le vieillissaient, Tino ne correspondait plus à l'image du séducteur que venaient chercher ses admiratrices. Ce demi-échec n'entamera en rien la solide amitié que se vouaient Tino et Pagnol, mais pour mon père la leçon de l'expérience valut avertissement : sa gloire cinématographique s'était construite en grande partie sur son physique. Plutôt que de risquer un jour des déconvenues amères, Tino prendra progressivement, de lui-même, ses distances avec le cinéma.

Les années 1949-1951 virent naître cependant quatre nouveaux projets, notamment *Envoi de fleurs* et surtout *Marlène* qui repose sur une intrigue policière. L'affiche du film montre Tino protégeant une femme, un revolver à la main.

Au printemps 1952 il participe à l'aventure de *Paris chante toujours* où deux jeunes gens, Gilbert et Gisèle, font la course aux autographes de chanteurs. Ce scénario amusant sert de prétexte pour faire intervenir à l'écran le plus grand nombre possible de vedettes, dans leur propre rôle : Line Renaud, Édith Piaf, Yves Montand, Luis Mariano, Georges Ulmer, Jean Sablon et, bien sûr, Tino Rossi.

Il fait ensuite une tournée triomphale en Angleterre. A Londres, où il passe pendant trois semaines au Piccadilly Theatre, la façade annonce, en lettres lumineuses, « Tino Rossi in person ». Le soir de la première, tous les Corses vivant à Londres sont là. Après le spectacle, Tino retrouve ses compatriotes qui l'emmènent voir la maison où vécut et mourut en exil Pascal Paoli. La soirée se termine par une grande tablée au Savoy pour fêter les trente ans de Lili. « Maintenant, nous ne sommes plus qu'entre Corses », constate Tino. Il entonne *L'Ajaccienne* et continuera de chanter jusqu'à l'aube pour ses amis, accompagné par Bonelli.

La vie souffle le chaud et le froid. Ma naissance avait été un grand moment de bonheur pour mes parents et leurs amis. Au-dessus de mon berceau les rois mages étaient venus se pencher avec de larges sourires : Pagnol, Scotto, Chevalier, Fernandel, Marcel Achard... Trois ans plus tard,

Eugénie, que ma mère appelait tendrement « Mamita », mourait. Je n'avais donc pas eu le temps de connaître ma grand-mère, elle qui était si fière – on me l'a raconté depuis – de promener son petit-fils sur les Champs-Élysées pour le montrer à tous les Parisiens.

L'année suivante, mon père devait vivre un autre deuil très douloureux, la disparition de Vincent Scotto. Malgré leurs petites brouilles chroniques, il perdait un grand ami et, avec lui, l'homme qui avait contribué à son succès. J'entends souvent dire : « Tino a eu beaucoup de chance de croiser Vincent Scotto sur son chemin. » C'est vrai. Loin de moi l'idée de rien enlever au créateur de *Vieni, vieni.* Mais, de son côté, n'a-t-il pas eu la chance d'avoir Tino Rossi comme interprète ? Scotto a écrit, dans sa vie, plus de quatre mille chansons, alors comment expliquer que les plus célèbres sont celles interprétées par mon père ? D'ailleurs, Scotto disait lui-même : « Une chanson embellit la vie. Tino embellit tout ce qu'il chante. » En fait, leur collaboration était un échange extraordinaire.

Le jour de l'inauguration de son buste, sur le Vieux-Port, à Marseille, Marcel Pagnol conclut son discours par cette phrase émouvante : « Vincent Scotto n'a jamais fait de peine à personne, sauf le jour de sa mort... »

En 1953, Sacha Guitry, lui aussi guetté par l'ombre de la mort, ne se déplaçant plus qu'en fauteuil roulant, a coutume de répondre à ceux qui l'interrogent sur sa santé qu'il va « comme sur des roulettes ». Il entreprend son dernier chef-d'œuvre, un pari fou et prestigieux : raconter le château de Versailles. Guitry avait une prédilection pour ces farandoles historiques qui faisaient la joie du public. Celle-ci sera un véritable feu d'artifice de toutes les vedettes du moment qui, par amitié pour le maître, accepteront de figurer au générique dans des rôles très courts. C'est ainsi qu'on verra Édith Piaf en poissonnière de Paris chanter *La Carmagnole* devant les grilles du château et Tino Rossi, habillé en gondolier du Roi-Soleil, promener son souverain sur le Grand Canal en fredonnant une romance italienne d'époque, *Fenastra bassa* (jamais enregistrée sur disque). C'est Guitry qui avait demandé à mon père de trouver une chanson italienne du XVIIIe siècle. « Ce sera difficile », lui avait dit Tino. Et le maître de répondre : « Je vous fais confiance et vous applaudis déjà ! »

La scène s'intégrait dans une vaste féerie nocturne rappelant les fastueuses fêtes données à la cour par Louis XIV. Le spectacle était grandiose et des centaines d'invités, dont Lili, purent en profiter. Juste avant de commencer à tourner, Tino, que l'on terminait de maquiller, vit arriver Guitry : « A la fin de votre chanson, vous entendrez des sifflets, lui annonça-t-il. Rassurez-vous, ils ne vous seront pas destinés. Ce sera simplement le départ du feu d'artifice ! »

Après *Si Versailles m'était conté*, Tino enchaîne *Tourments*, de Jacques Daniel-Norman, avec Blanchette Brunoy, Raymond Cordy et un débutant nommé Louis de Funès. *Tourments*, qui sort sur les écrans le 10 décembre 1953, marque l'arrêt de la carrière cinématographique de Tino Rossi. Certes, en 1970 on le reverra dans *L'Ane de Zigliara*, une savoureuse et authentique histoire corse écrite par l'un de ses compagnons de toujours, Pierre Pasquini, le député-maire de L'Ile-Rousse. Deux villages de l'arrière-pays s'étaient lancés dans une vendetta sans merci à cause d'un âne que tout le monde se disputait... Mais la participation de Tino dans ce film – dont je signai la musique – était avant tout amicale, et il se contentait d'apparaître dans son propre rôle.

Tourments signe donc la fin d'une époque, celle du Tino-vedette-de-l'écran. C'est un choix réfléchi de sa part. A quarante-cinq ans, il se juge trop vieux pour incarner les séducteurs et trop jeune pour interpréter les « pères nobles ». Et puis, le cinéma, très astreignant, lui mange beaucoup de son temps, qu'il préfère consacrer désormais à sa vie familiale. En 1950, les Rossi, Tino, Lili et Poupi – votre serviteur! –, se sont installés à Neuilly, dans un appartement de la rue Richard-Wallace. Ils le quitteront en 1968 pour le boulevard Maillot – toujours à Neuilly –, qui sera la dernière adresse parisienne de mon père.

S'il renonce aux studios, Tino a cependant pris goût à la comédie. Il se tourne alors vers une forme artistique correspondant mieux à sa personnalité et à son talent, l'opérette. C'est en effet la solution idéale. L'opérette lui permettait de chanter tous les soirs, de continuer à jouer la comédie, de garder le contact avec le public tout en pouvant jouir d'une vie privée satisfaisante. Comme pour ses débuts au cinéma, un échec aurait été fatal. Il lui faut un spectacle sur mesure qui ne décevra pas ses admirateurs. Le compositeur Francis Lopez et le librettiste Raymond Vinci lui ont soumis un projet intéressant, dont l'action se situe principalement en Corse, ainsi que dans d'autres lieux enchanteurs de la Méditerranée. Mais c'est Maurice Lehman qui va permettre à ce beau rêve de prendre forme. Ancien directeur de l'Opéra, Maurice Lehman a pris en 1953 la direction du Châtelet, « temple » de l'opérette à grand spectacle depuis le début des années trente. Le nouveau directeur fait confiance à Tino, à son prestige, pour inaugurer la première saison de son mandat. Et il décide de le mettre en scène lui-même. Il n'aura pas à s'en mordre les doigts. Créée en 1955, *Méditerranée* se joue pendant deux ans à guichets fermés, les réservations se faisant au moins huit semaines à l'avance!

L'argument inventé par Raymond Vinci, moitié sentimental, moitié policier, était extrêmement bien ficelé et ne manquait pas d'humour : Monsieur Dubleu, patron de la fameuse Lessive bleue, remet à Juliette Germont le prix qu'elle vient de gagner en participant à un concours radiophonique. C'est la Croisière bleue, qui se déroulera en Méditerranée ... la « grande bleue », sur le yacht de Monsieur Dubleu, en compagnie du célèbre chanteur Mario Franchi.

Autour de Tino-Mario Franchi, la distribution réunissait notamment Pierjac, Dominique Rica, Henri-Jacques Huet, Sam-Max et Fernand Sardou qui composait un plantureux et pittoresque curé corse.

Quant à la musique, qui ne connaît pas la chanson-titre de cette opérette? En 1955, *Méditerranée* est la chanson la plus vendue de l'année. Vingt ans après ses débuts, Tino est encore numéro un!

En 1957, alors que *Méditerranée* triomphe toujours au Châtelet, Tino reçoit la visite d'une vieille connaissance, Henri Varna. L'homme des débuts du Casino de Paris lui propose de rejouer *Naples au baiser de feu*, mais cette fois en opérette, et dans un théâtre dont il est le directeur depuis 1939, Mogador. Tino s'inquiète d'abord de reprendre un rôle qu'il a tenu près de vingt ans plus tôt, mais Varna balaye ses objections. « Une génération est passée, lui dit-il, les jeunes n'ont pas vu le film et seront heureux de découvrir la pièce. Quant aux aînés, ils seront forcément ravis de vous revoir dans un rôle qui leur rappellera des souvenirs! »

Varna, comme d'habitude, avait raison. *Naples au baiser de feu* version opérette, sur une musique d'un grand ami de mon père, Renato Rascel – surnommé « Il Picoletto », « le Tout Petit », c'était un acteur, un chanteur et un compositeur très populaire en Italie; on lui doit, entre autres, *Arrivederci Roma* et *Romantica* – tint l'affiche à Mogador pendant vingt-cinq mois avant de partir en tournée dans toute la France.

Quelques années plus tard, en 1963, alors que le yéyé triomphe, imposant une véritable révolution à la chanson, Tino Rossi va montrer de manière éclatante qu'il est capable de résister à ce maelström qui emporte avec lui la plupart des vedettes d'avant guerre. Le 15 janvier, à l'occasion d'un *Musicorama* exceptionnel retransmis sur Europe 1, il donne un gala à l'Olympia devant une salle comble, frôlant l'hystérie. Dans le public, une jeune fille grecque récemment arrivée en France et qui rêve de devenir une grande chanteuse applaudit, en larmes, celui qu'elle vénère entre tous. Cette jeune fille s'appelait... Nana Mouskouri. Dario Moreno, admirateur de mon père depuis son adolescence, nous emmena, après le spectacle, dans sa Cadillac rose pour fêter l'événement.

Bruno Coquatrix, qui préside depuis 1954 aux destinées du célèbre music-hall dont on a fêté récemment le centenaire, voudrait bien inscrire Tino plus longtemps à son programme. Il « fait le siège » pour obtenir un contrat mais Tino décline gentiment ses offres car il s'apprête à créer une troisième opérette, plus moderne, qui s'avancera sur le terrain des yéyés.

Quelques semaines plus tard, on le découvre en effet sur la scène de l'ABC (autre grande salle de ses débuts) tout de blanc vêtu, esquissant même quelques mouvements de twist! Écrite par le tandem Francis Lopez-Raymond Vinci, cette nouvelle opérette, *Le Temps des guitares*, donnait également à Tino l'occasion de rendre un hommage à Vincent Scotto, dont il reprenait plusieurs des succès, comme *Tchi-Tchi, Marinella* ou *Le plus beau tango du monde*.

Sur scène, il était épaulé par deux joyeux drilles, Maurice Baquet et Pierre Doris. Doris, qui me faisait hurler de rire, enchaînait ensuite trois ou quatre cabarets dans la nuit, où il allait raconter ses histoires grinçantes. Ce grand spécialiste français de l'humour noir a aussi révélé, dans une belle série télévisée, qu'il pouvait composer admirablement des personnages touchants et simples, à la destinée tragique.

Côté jolies femmes, Tino était encadré par deux superbes créatures, Rita Cadillac et Josy Andrieu. Les jeunes ignorent sans doute qui était Rita Cadillac – quel nom superbe, et qui s'accordait à sa carrosserie ! Physiquement, on la comparait à Bardot. Moralement, elle n'était pas moins sulfureuse. Strip-teaseuse à dix-sept ans, elle fut la première vedette du Crazy Horse. Dans l'opérette, elle jouait, naturellement, la vamp. Un soir, sortant du théâtre avec moi, Tino remarqua que l'arrière de la superbe Alfa Romeo Sprint de Rita avait été embouti et que son coffre fermait tant bien que mal au moyen d'une ficelle. « Tu vois, Laurent, me dit-il avec un clin d'œil complice, Rita elle a toujours le coffre ouvert ! »

Josy Andrieu, elle, est bien connue des fidèles de *La Chance aux chansons*. On la voit souvent dans l'émission de Pascal Sevran dont le principal collaborateur depuis sept ans est son mari, André Bernard, qui fut pendant vingt ans le manager de Manitas de Plata.

Le Temps des guitares resta plus de quinze mois à l'affiche de l'ABC, avec deux représentations le samedi (matinée et soirée) et trois le dimanche (deux matinées, une soirée) ! La tournée provinciale qui suivit dura presque aussi longtemps. Les représentations se faisaient sous un chapiteau du cirque Bouglione. Pour mon père, ce genre de « salle » était presque devenu familier. Jean-Marie Proslier, qui a tourné avec *Le Temps des guitares*, m'a raconté qu'en arrivant près d'un immense chapiteau où ils devaient jouer, ils virent une marée humaine qui déferlait. Avec son sourire malicieux, Tino, se tournant vers lui, dit : « Venez donc à la messe. Dieu est arrivé ! »

Dans les années cinquante, il avait fait deux tournées avec des cirques, la première avec Jacques Hélian, la seconde, deux ans plus tard, avec Édith Piaf. De vrais numéros de cirque accompagnaient leurs tours de chant. Les « gens du voyage » sont très courageux : un soir où le dompteur s'était fait agresser par une lionne, c'est Zavatta, habillé en clown, qui était entré dans la cage, seul, pour sauver la vie du dompteur. Le lendemain, il assura le numéro à sa place, en plus du sien ! Piaf et Tino s'entendaient comme de bons vieux copains, heureux de partager le même métier depuis si longtemps. Elle raconta à mon père qu'à ses débuts, quand elle chantait dans les rues, pour attirer l'attention du public, il lui fallait d'abord chanter les chansons du répertoire de Tino Rossi. C'était infaillible !

C'est pendant *Le Temps des guitares* que mon père fêta ses trente ans de chansons, avec un énorme gâteau en forme de guitare.

En 1969, de nouveau à Modagor, Tino est la vedette d'une quatrième opérette, *Le Marchand de soleil*, qui marque notre première collaboration, puisque je participe à la composition de la musique. Travesti en clochard milliardaire, Tino reprenait également quelques-uns de ses grands succès de toujours, en particulier *Petit Papa Noël*. La mise en scène était de Robert Manuel – qui jouait en outre un rôle dans la pièce. Un jour où j'étais arrivé très en retard à une répétition, je dus essuyer une engueulade carabinée de Robert, devant toute la troupe : « Toi, le fils de Tino, tu dois être à l'heure plus que les autres ! » me lança-t-il. Je fus profondément vexé et depuis... je suis toujours à l'heure !

Robert Manuel et mon père, sans être intimes, se connaissaient bien. En 1934, âgé de dix-huit ans, Robert, alors étudiant au Conservatoire, était l'ami de Jenny Carré, qui travaillait aux costumes et aux décors de *Parade de France*. Il était sans cesse fourré au Casino et tutoyait toutes les vedettes, dont Tino. Varna lui avait même proposé de l'engager comme boy. Accepté en même temps par la Comédie-Française, il avait préféré entrer chez Molière mais chaque fois que mon père et Robert Manuel se rencontraient, ils évoquaient leurs souvenirs du Casino. Quand la ville de Nogent-sur-Marne donna, après sa mort, le nom de mon père à l'un de ses squares, Lili chargea Robert de préparer un discours pour l'inauguration officielle. Une cérémonie simple et touchante, accompagnée en musique par les plus grands noms de l'accordéon, et présidée par le maire, Roland Nungesser, que mon père appréciait beaucoup et qui est resté, avec sa femme, un ami de notre famille.

Après *Le Marchand de soleil*, Tino décide d'abandonner l'opérette. Il approche des soixante-cinq ans et estime que jouer la comédie au milieu d'un ballet de danseuses n'est plus de son âge. Désormais, le simple tour de chant est la seule forme artistique qu'il juge correspondre à son image. Le public, inlassable, en redemande. Pendant les dix ans de carrière qu'il lui reste, il va encore se produire des centaines de fois sur une scène, en France comme à l'étranger. En Afrique noire, où on le surnomme le « Grand Rossignol ». A Tahiti, où, à la place du mot « chanteur », on dit un « Tino Rossi ».

Chapitre VIII

Ô CORSE, ÎLE D'AMOUR *

Après son mariage avec Lili et plus encore au lendemain de ma naissance, mon père souhaitait renouer avec sa chère Corse – qu'il avait quelque peu délaissée depuis ses débuts parisiens au Casino – et la faire découvrir à sa nouvelle famille.

En août 1948, sitôt fini le tournage de *La Belle Meunière,* tout le monde débarque à Ajaccio. Nous logeons au Grand Hôtel (devenu aujourd'hui l'Assemblée régionale) tandis qu'Eugénie partage avec sa fille Rose un appartement du cours Albert-Ier. Le même scénario se répète l'été suivant, mais Tino cherche à s'installer plus durablement. Désir bien compréhensible : il veut posséder une maison dans sa ville natale. Une occasion exceptionnelle lui est fournie en 1950, lorsque la famille du parfumeur Coty décide de mettre en vente le Scudo. Ce fameux parc où sont enfouis tant de ses souvenirs d'enfance et d'adolescence est en piteux état, il reste à peine quelques arbres. La propriété, inhabitée depuis des

* V. Scotto, G. Koger.

années et ouverte à tous les vents, tombe en ruine. Et la guerre est passée par là : deux chars abandonnés sur place achèvent de rouiller face à la mer.

Le premier geste de Tino, une fois entré en possession du Scudo, est de faire raser la maison pour reconstruire à neuf, sur des bases saines. La future villa, dont il esquisse lui-même les plans pour l'architecte, devra respecter le trait dominant du caractère de son propriétaire : la simplicité. Alors que tant de constructions ont défiguré, au fil des ans, la belle route des Sanguinaires, la villa du Scudo, toute de plain-pied, s'est fondue dans le paysage, progressivement reboisé par mon père.

Dimensions modestes, murs blancs, toit en tuiles du pays, entrée discrète, elle n'a vraiment rien de la villa de star telle que *Paris-Match* en montre chaque été. Le seul luxe, c'est la piscine d'eau de mer sertie dans un habillage de larges dalles en pierre rougeâtre qui se sont patinées et érodées avec le temps pour donner à l'ensemble un air rustique et presque naturel. Mais la vraie richesse du Scudo résidait – et réside toujours, pour mes deux garçons qui en profitent chaque été – dans son immense parc ouvrant sur le golfe d'Ajaccio. Tino aimait s'y promener longuement, « jardiner » comme il disait, c'est-à-dire regarder pousser les plantes et les arbres et arracher les feuilles mortes. Un jour où nous nous promenions tous les deux dans le parc, il me dit : « Là, tu pourrais faire ta maison, et si tu as des enfants tu pourrais leur en construire une là, ou encore plus haut vers les Sanguinaires. »

L'achèvement de la maison du Scudo correspondit avec le début de la période des opérettes, qui laissaient à Tino, relâche des théâtres oblige, ses étés libres. L'habitude se prit donc de venir passer juillet et août à Ajaccio. Les dernières années, le séjour s'était étendu à trois mois, du 15 juin au 15 septembre. Parfois, la famille s'autorisait de brèves escapades sur le continent, à Nice, Marseille, Cannes ou Cassis. Nous ne manquions jamais non plus de faire un passage à la Colombe d'Or, l'hôtel-restaurant connu des artistes du monde entier, tenu par M. et Mme Roux, qui étaient devenus des amis. Mon père aimait y retrouver Prévert, Picasso, Braque. Tino était devenu amateur de peinture. Il aimait en parler avec M. Roux lui-même, peintre à ses heures. C'est à la Colombe d'Or que je fis mes premiers pas, pour tenter d'attraper une colombe qui s'était posée sur un muret. Une autre fois, mon père me tenait dans ses bras quand Picasso vint le saluer. Le peintre voulut que je lui fasse une risette, mais je pris peur et lui donnai une gifle! Toutefois, ces séjours sur la Côte d'Azur ou en Provence ne duraient jamais très longtemps. Tino ne se sentait dans son élément que lorsqu'il était au Scudo. C'était son havre de paix.

C'est mon pays que je sens vivre
C'est le pays où je suis né
Où je me sens un homme libre
Où je respire en liberté *.

Dès qu'il arrivait, il décompressait, retrouvait de nouvelles marques, une vie rythmée non plus

* *Mon pays,* R. Ripa, J. Bernard.

par les projecteurs de la scène mais par ce bon soleil franc et massif de notre Corse.

Chaque jour, ou presque, il pouvait enfin satisfaire l'un de ses plus grands plaisirs dans la vie, la pêche. Il possédait un bateau, le *Tilipou* (pour TINO, LILI et POUPI), ancré dans le port d'Ajaccio, qu'il rejoignait vers les neuf, dix heures du matin. Il partait rarement seul. Loïe, qui nourrissait la même passion que lui, l'accompagnait très souvent. Après la guerre, il avait abandonné le cinéma pour l'hôtellerie, puis la restauration. En 1962, Tino posa la première pierre du restaurant que Loïe construisit à Marseille, sur la plage du Prado, et qu'il baptisa tout simplement la Mer.

Trente ans plus tard, pour faciliter les travaux d'aménagement de la plage prévus par la municipalité, le restaurant a été rasé et reconstruit quelques centaines de mètres plus loin. Il s'appelle toujours la Mer, et offre à ses clients la plus belle vue et l'une des meilleures tables de Marseille.

Pendant l'été, Loïe venait très souvent en Corse. « Nous adorions la pêche, tous les deux, raconte-t-il, mais ton père était vraiment un enragé ! Un jour, nous dérivions au large de Calvi quand il se retrouve avec le pouce traversé par un hameçon. Moi je lui dis : " On rentre illico à Calvi pour soigner ça. – Pas question, me répondit-il, ça ' pitte ' (ça mord) ! On reste ! " Il a fallu, la mort dans l'âme, que je lui retire l'hameçon avec des vieilles pinces rouillées que j'avais arrosées de whisky. J'étais blanc comme un linge, mais lui ne s'inquiétait que de sa ligne ! » Une autre fois, alors qu'ils pêchaient non loin des Sanguinaires, ils s'aperçurent que le bateau prenait l'eau et commençait à couler. Tino, soudain très inquiet, voulut lancer un appel de détresse sur la radio du bord dont il ne s'était jamais servi, ignorant jusqu'à son mode d'emploi. Ayant enfin réussi à la mettre en marche, il lança son SOS et s'entendit répondre : « Je vous reçois mal, sur quel canal êtes-vous ? » Mon père, ahuri, regarda Loïe : « Il est fada ce type, il nous demande sur quel canal on est. » Et, reprenant le micro, il hurla : « On n'est pas sur un canal, bougre de couillon, on est en pleine mer et on coule ! » Finalement ils furent remorqués sans encombre par un bateau de pêcheurs qui passait par là.

« En 1969, à cause des fêtes du Bicentenaire de Napoléon, Tino avait été retenu deux jours de suite par des journalistes, raconte encore Loïe. J'étais donc allé pêcher tout seul. Le matin du troisième jour, n'y tenant plus, il me dit : " On part ! " Moi, je savais par Lili qu'il lui restait à rencontrer une équipe de *Paris-Match*. " Tu ne peux pas partir, lui dis-je, les gens de *Paris-Match* arrivent. – Tant pis, a répondu ton père, s'ils veulent me voir, ils n'ont qu'à venir avec nous. " Eh bien, ils ont embarqué ! Il y avait un gars et une fille et quand nous nous sommes séparés, le soir, ils étaient émus aux larmes. Ils étaient venus interviewer un monument de la chanson réputé intouchable et ils avaient passé la journée avec un homme qui n'avait pas arrêté de chantonner, de siffloter, de couper du saucisson pour tout le monde et de discourir sur les poissons qu'on trouvait dans la région ! »

Mon père chantait du matin au soir, dans son bain, en prenant son café, en marchant, en conduisant. Il le faisait autant par plaisir spontané que par crainte superstitieuse de perdre sa voix s'il ne la faisait plus travailler. Même en pêchant, au lieu de rester silencieusement absorbé dans la contemplation de l'eau, il chantonnait. Et dès qu'il sortait une bonne prise, il disait invariablement à l'ami qui l'accompagnait : « Tu vois, je les charme ! »

Antoine Federici comptait au nombre de ces partenaires fidèles qui embarquaient sur le *Tilipou*. Dans sa jeunesse, Tino fréquentait le père d'Antoine et ils allaient déjà pêcher ensemble. Au début des années cinquante, tout naturellement il est devenu ami du fils. En 1963, Antoine ouvrit sur la route des Sanguinaires, un peu plus loin que le Scudo, un splendide hôtel-restaurant, le Dolce Vita, dont l'immense terrasse plonge pratiquement dans la mer. Le matin, mon père klaxonnait en arrivant avec son bateau à hauteur du Dolce Vita. Antoine le rejoignait en canot, montait à son bord et ils partaient pêcher jusqu'à l'heure du déjeuner. Parmi ces bons vivants aimant autant la pêche que la bonne chère, souvent les accompagnait Coco Brocard, ami de toujours, qui n'aurait pas raté une « spaghettade » sur le *Tilipou*.

Souvent, midi ou soir, toute la famille Rossi venait ensuite manger au Dolce Vita. Si mon père avait plusieurs amis restaurateurs, ce n'était certainement pas un hasard. Il était notoirement gourmand – et gourmet. « Par-dessus tout il adorait notre cuisine méditerranéenne à base de poissons, explique Marie-Jeanne, mais en réalité il était amateur de toutes les bonnes choses. La femme de Petit Louis avait une spécialité, c'était le flan. Ton père l'aimait tellement qu'il s'en serait rendu malade. »

Manger ou maigrir... il faut choisir. Tino penchait volontiers pour la première solution. Lorsqu'il revint à Marseille, au début de la guerre, Josette Day, alors la compagne de Pagnol, lui fit remarquer qu'il commençait à prendre de l'estomac. Ce à quoi Pagnol rétorqua : « Ce n'est pas parce qu'il chante comme un rossignol qu'il doit avoir un cou d'oiseau ! » Lili, après leur mariage, voulut reprendre les choses en main. Elle gendarmait Tino, surveillait ce qu'il mangeait, mais dès qu'elle avait le dos tourné, il « oubliait » les consignes, parfois avec la complicité amusée de ses amis. Lili avait également réussi à le convaincre de faire une cure chaque été, à Montecatini. Pour Tino, le moment le plus important de la cure c'était, à l'aller comme au retour, la halte obligatoire dans un restaurant proche de Vintimille, la Motorla, dont la carte des hors-d'œuvre affichait pas moins de trois cents plats différents !

A Ajaccio même, il fréquentait assidûment le bar du Golfe, la « cantine chic » du port, tenue par l'une de ses vieilles complices, Yvonne, et connue des propriétaires de yachts du monde entier ; ou le café d'Ajaccio. « On se retrouve au bureau », disait-il à Toto ou à ses amis, car il aimait y donner ses rendez-vous ; ou encore Chez Pierrot, un autre de ses amis, installé tout au bout de la route des Sanguinaires. Il venait y déguster les meilleurs oursins du monde, que les gars de Pierrot pêchent spécialement pour vous et débarquent du bateau sur la terrasse du restaurant.

Il y avait aussi les dîners privés chez les uns ou

les autres. Comme par exemple Cécile et Toussaint Rochicciolі. Leur cuisinière faisait très bien les spécialités corses dont raffolait Tino : soupe de poissons, raviolis au bruccio, beignets à la farine de châtaigne.

Toussaint étudiait la médecine à Aix au début des années trente. Il avait fait partie de ce « groupe des Corses » qui se réunissaient au Terminus, écoutaient chanter le jeune Tino et l'encourageaient à tirer parti de sa voix. Devenu radiologue, marié en 1938 à une pharmacienne, Cécile, native comme lui de Cargèse, le couple Rochiccioli s'était installé à Ajaccio. Chaque été, ils recevaient souvent les Rossi. « Te souviens-tu? m'a raconté Cécile qui a perdu son mari en 1992, une fois, avec Mano Agostini et tes parents nous étions restés à table jusqu'à cinq heures du matin. Tu avais dans les dix-huit ou dix-neuf ans. Tu étais sorti avec des copains et quand tu es rentré au Scudo tu n'as trouvé personne alors tu es venu ici. On riait aux larmes et quand on t'a vu arriver on t'a envoyé chercher les croissants! »

Lorsqu'ils se retrouvaient entre eux, à parler corse, ils étaient tous intarissables, mais Tino n'était pas le moins agité de la bande. « Je crois que les gens ne s'imaginent pas à quel point ton père pouvait être drôle, ajoute Cécile qui n'a pas oublié non plus sa simplicité. " Ma vedette je la fais sur les planches, mais en dehors je suis humble ", me disait-il souvent. »

Après dîner on prolongeait souvent la soirée en allant boire un dernier verre au Son des guitares, le plus célèbre cabaret d'Ajaccio. En 1937, Paul Joseph Bonelli, propriétaire du bar du Golfe, vendit son fonds de commerce à Yvonne Diani, la fameuse Yvonne, pour reprendre à la place le Bar impérial, 12, rue Fesch, où il créa le premier cabaret ajaccien, Au son des guitares. Lui-même jouait de cet instrument pour animer les soirées. Tino était revenu passer quelques jours dans sa ville natale, avec son ami Paul Azaïs. Ils vinrent au Son des guitares et Paul Joseph présenta à Tino son fils, un gamin de treize ans, qui faisait ses gammes à la mandoline, Antoine.

En 1949, dans le cadre du Tour de Corse cycliste, Tino devait donner un gala. Il lui manquait un accompagnateur. L'organisateur de la soirée lui souffla un nom : Antoine Bonelli. « De fait, je connaissais tout son répertoire par cœur, raconte Antoine. Mais au moment de le rencontrer, comme je ne l'avais pas revu depuis ce jour de 1937, j'étais mort de trac. Il m'a tout de suite mis à l'aise en me tutoyant et en me parlant en corse. »

Antoine a bien mérité son surnom donné par les Ajacciens : Le Bouddha. Son physique imposant et sa manière de replier sa jambe quand il joue de la guitare le font effectivement ressembler à un Bouddha. Une fois, après un déjeuner particulièrement plantureux chez Mano Agostini, je l'ai vu essayer d'installer sa guitare sur ses genoux et faire péter un à un tous les boutons de son gilet. Malgré sa corpulence, Antoine a toujours eu une agilité des doigts et une douceur de toucher extraordinaires. Entre mon père et lui le courant passa tout de suite : « Tu joues comme je chante », lui dit-il, ce fameux jour de l'été 1949. Et il l'engagea aussitôt comme guitariste attitré.

L'hiver, Antoine suivait Tino partout : sur scène, en tournée à l'étranger ou dans des studios d'enregistrement. Mais l'été, il revenait lui aussi en Corse, où il avait repris le Son des guitares après la mort de son père. Déménagé de la rue Fesch à la rue du Roi-de-Rome, le cabaret était devenu un haut lieu de la vie nocturne ajaccienne et à coup sûr le temple de tous les tinorossistes.

S'ils sortaient souvent, mes parents recevaient également beaucoup. A Neuilly, les amis qui passaient prendre l'apéritif repartaient rarement avant le dessert. Environ une fois par mois, il s'organisait une grande fête qui se prolongeait tard dans la nuit. En Corse, Tino et Lili avaient pris l'habitude de convier chez eux aussi bien les artistes qui venaient se produire à Ajaccio pendant l'été que ceux qui s'y trouvaient en vacances. De Fernand Raynaud au couple Hallyday-Vartan en passant par Françoise Hardy (qui possède maintenant une maison à Monticello), Curd Jurgens, Orson Welles ou Bernard et Annabel Buffet, devenus des amis de la famille, les pins du Scudo ont dispensé leur ombre bienfaisante aux plus grands noms des arts et du spectacle.

Une année, ce devait être en 1953 ou 1954, le grand invité avait été Marcel Pagnol. En soi, sa venue constituait un exploit. Marcel était en effet extrêmement superstitieux. Une cartomancienne lui avait recommandé dans sa jeunesse de se méfier de l'eau, précisant que toute croisière risquait de lui être funeste. Mais, dans les années cinquante, pour venir en Corse il n'y avait encore que le bateau. Surmontant sa peur, il avait donc embarqué à Marseille avec sa femme Jacqueline et leur fils, Frédéric, qui allait devenir mon ami. A peine avait-il posé le pied sur la jetée du port d'Ajaccio que Marcel cria à mon père, venu l'accueillir : « J'ai risqué ma vie pour toi ! » Le créateur de *Marius*, qui avait fait bourlinguer son personnage sur toutes les mers du globe, avait lui-même une trouille bleue de la moindre étendue liquide !

Je le revois encore, parcourant le parc du Scudo à pas comptés, tenant dans ses mains une baguette de coudrier, tel le puisatier de son célèbre film. A cette époque nous n'avions pas encore l'eau courante au Scudo, et Marcel s'était mis en tête de dénicher une source sur la propriété. Ses investigations ne se révélant guère fructueuses, il se consola en taillant des bouts de bois avec un canif pour sculpter des bateaux qu'il faisait naviguer dans la piscine. Il avait coutume de se coucher très tôt, entraînant avec lui sa femme Jacqueline. Un soir, mon père avait fait venir Antoine Bonelli pour leur donner une sérénade sous la fenêtre de leur chambre.

Jacqueline Pagnol m'a raconté cette anecdote : « Une soirée fut donnée en notre honneur par une nuit merveilleuse et tiède, avec des amis chaleureux. La soirée se prolongeait et mon mari et moi ne tardâmes pas à regagner notre chambre qui donnait sur la terrasse. Je m'endormis rapidement d'un sommeil profond, et je rêvai à Tino qui chantait des lamentos corses si beaux. Je me réveillai d'excellente humeur, ravie de la journée qui s'annonçait : le bateau, la pêche, le soleil. Marcel s'était déjà installé sur la terrasse pour écrire. Tino et Lili n'étaient pas encore levés. Au bout d'une petite heure je vis arriver Tino en peignoir de bain, l'œil goguenard. " As-tu bien dormi? dit-il. – Oui, merveilleusement bien. J'ai rêvé de toi! – Mais, me dit-il en éclatant de rire, tu n'as pas rêvé, je t'ai donné la sérénade pendant un bon moment avec mon ami Bonelli et ses musiciens, mais vous dormiez si profondément que vous n'avez pas ouvert les volets. " J'étais confuse, Marcel navré. " Ça ne fait rien, dit Tino, nous irons ce soir au Son des guitares pour vous faire pardonner. " »

Marcel et mon père s'entendaient comme des frères, alors que leurs caractères, a priori, auraient dû les opposer. Tino le chanteur et Marcel l'écrivain; Tino le fêtard-couche-tard et Marcel le lève-tôt qui commençait à plier la paupière passé neuf heures du soir; Tino l'admirateur de Napoléon et Marcel le contempteur de tous les tyrans de la terre... En fait, ils se complétaient à merveille. Lors d'un spécial *Discorama* consacré à Tino, Denise Glaser avait invité Marcel. Elle lui demanda : « Quand vous êtes ensemble, qu'est-ce que vous vous dites? » et Marcel de répondre : « Rien! – Rien? Comment ça, rien? – Eh bien, rien. Quand on est ensemble, on est tellement bien qu'on n'a pas besoin de se parler! »

Ils partageaient aussi un même sens de l'humour. Mon père était très perfectionniste dans son métier et il avait la même exigence pour les musiciens qui l'accompagnaient. C'est pourquoi il lui arrivait de travailler avec certaines personnes qu'il détestait cordialement mais dont il reconnaissait les évidentes qualités professionnelles. Il voulait toujours les meilleurs. L'un d'eux, en particulier, était devenu son souffre-douleur. Un jour où il était obligé de partager sa loge, Tino dit à Marcel, venu le saluer : « Tiens, je te présente monsieur Ducon. » Et Marcel, du tac au tac : « Le vrai monsieur Ducon ? Vous savez que vous êtes célèbre... »

En mars 1974, à la veille d'une nouvelle tournée au Québec, Tino, avant de s'envoler, rendit une dernière visite à Marcel, très affaibli, et que l'on savait condamné. « Reviens vite de ce grand Nord où on gèle ! lui dit-il. Dans quelques jours c'est mon anniversaire, on va se taper un bon gueuleton ! »

Quand mon père revint de Montréal, Marcel était mort, laissant à son « frère » Tino Rossi le soin d'être son exécuteur testamentaire.

Une autre année, le Scudo avait retenti du rire joyeux d'une autre invitée de marque, que mon père adorait, la môme Moineau. Ils s'étaient connus au Fouquet's, du temps où la môme venait y vendre des violettes. L'un des clients, armateur costaricain prodigieusement riche, en était tombé amoureux fou. Leur rencontre avait eu lieu lors d'une soirée donnée par Tino à Neuilly. Prise d'une subite inspiration, la môme Moineau s'était allongée, entièrement nue, sur le rebord de la terrasse, éclairée par un rayon de lune. Ce spectacle avait chaviré le cœur du Costaricain. La môme Moineau n'avait pourtant rien d'une beauté fatale, au surplus elle était haute comme trois pommes. Mais c'était un sacré personnage, drôle, imprévisible et chaleureux, toujours habillée en toréador et parlant un langage de charretier. Avec son armateur de mari, ils formaient un couple extravagant, qui n'était jamais à une folie près. Comme le yacht insensé sur lequel ils étaient venus en Corse, un ancien bananier reconverti en navire de plaisance, avec une salle de cinéma où on passait des films de mon père.

L'arrivée de cet OVNI dans le port d'Ajaccio avait attiré toute la ville sur le quai, d'autant que son contenu valait largement le contenant. Il faut préciser que la môme Moineau était toujours accompagnée d'une cour fidèle qui ressemblait à une volière. On y retrouvait O'Dett, Charpini, Modeste et Ferdy... bref une joyeuse troupe de « furieuses » qui vint envahir le Scudo à la grande joie de mon père, que les facéties de la môme faisaient hurler de rire.

Chaque été, Tino ne manquait pas non plus de faire les honneurs du Scudo aux quelques membres de son fan-club avec lesquels il partageait une relation privilégiée. Comme par hasard, ces tinorossistes enragés venaient passer leur vacances en Corse, et plus précisément à Ajaccio. Les uns et les autres vous jureront que rien n'était prémédité, bien sûr, mais toujours est-il qu'Ajaccio voyait revenir, avec les beaux jours, la famille Martin (Annie, la fille, détient sans doute un record, celui d'avoir vu soixante-cinq fois *Le Temps des guitares* !), leur amie Pierrette Cagnasso et quelques autres comme les Bazinet, dont j'ai déjà parlé. Andrée Bazinet, encore jeune fille, avait découvert Tino dans *Parade de France* « La revue avait été retransmise à la radio. Ma mère et moi, qui entendions pour la première fois la voix de Tino, étions tombées sous le charme. Alors, je lui ai écrit pour le féliciter et lui dire combien nous avions été contentes de pouvoir l'entendre sur les ondes, car nous n'avions pas les moyens de nous offrir une place au Casino. Par retour du courrier il nous adressa deux billets gratuits! » Cette générosité inattendue troubla la mère d'Andrée. Elle hésitait à conduire sa fille dans un music-hall où s'exhibaient des danseuses très peu vêtues. « Maman, ne t'inquiète pas, je ne regarderai que Tino, pas les danseuses! » promit Andrée qui obtint gain de cause.

En 1937 elle devint l'une des premières adhérentes du club. Maurice, son mari, rencontré en 1946, partageait sa passion. Ensemble, ils sont devenus les responsables de la publication du bulletin du club, qui paraît encore trois fois pas an.

Mon père s'était lié avec eux car ils n'étaient pas idolâtres, et encore moins indiscrets. « Ton père était un homme très simple, très gentil avec tout le monde », racontent-ils. Leur rencontre en Corse date du tout début des années cinquante : « Il n'y avait pas encore l'eau courante au Scudo et celle des puits était trop saumâtre pour être bue. Alors ton père venait, comme tout le monde, s'approvisionner à la fontaine. La première fois que nous l'y avons vu, tu étais tout petit et il te tirait par la main. Ensuite, nous nous sommes retrouvés chaque été. Nous parlions de tout et de rien, pas forcément de son métier. Avec nous il se sentait en confiance. Un jour, nous prenions l'apéritif à la terrasse d'un café. Tino passe, nous aperçoit, s'arrête pour nous saluer en disant qu'il ne peut pas s'asseoir car il est pressé. Finalement, il est resté deux heures! »

Ses vacances ajacciennes donnaient également à Tino l'occasion de retrouver sa famille, ses frères et sœurs. La gloire et la fortune venues, il ne les avait pas oubliés. « A l'exemple de Napoléon, il n'a jamais manqué à rien, remarque Loïe. Il a " supporté " sa famille, comme on dit au football. Et il se justifiait en disant : " C'est le côté insulaire. " » Comme Napoléon, ouvrant son cœur à Las Cases sur le rocher de Sainte-Hélène, Tino aurait pu dire en effet : « Je n'ai jamais cessé de me sentir le cœur d'un frère. Je les ai tous aimés et je crois bien qu'au fond ils me l'ont tous rendu et qu'au besoin ils m'en donneraient des preuves. »

Ce soutien ne fut pas toujours de tout repos. A une époque, il avait fait monter deux de ses frères à Paris, Joseph et Antoine. Pour eux il avait acheté un restaurant rue Magellan. Spécialisé dans la cuisine méditerranéenne, l'endroit devint à la mode et le Tout-Paris y défila. Mais les frères ne purent jamais s'entendre sur la gestion de l'établissement. Ils se disputaient sans cesse, parfois devant les clients, et Tino finit par mettre le holà en fermant boutique. Une autre fois, à Marseille, Antoine, dit « Toto », très « déprimé », annonça à Loïe qu'il voulait se suicider. Loïe en référa à Tino qui dit à son frère : « Ce qu'il te faut c'est quitter le continent. Je t'offre l'avion pour retourner à Ajaccio et tu habiteras le Scudo. – Hors de question, répondit Toto, je ne prends pas l'avion, c'est trop dangereux. – Mais il y a cinq minutes, tu voulais te suicider! » Loïe et mon père éclatèrent de rire devant la mine déconfite de Toto. La vérité, c'est que Tino adorait Toto. C'était son jeune frère et il le couvait un peu, le protégeait – c'est d'ailleurs une attitude très corse. Toto n'était pas en reste d'affection pour son aîné, dont il connaissait toute la carrière par cœur. Il veillait sur le Scudo pendant l'absence de mes parents et moi, chaque fois qu'il me voyait, il me prenait sous son aile chaleureuse, il me conseillait et me racontait des histoires sur mon père. Je l'aimais beaucoup. Hélas, lui aussi a disparu.

Le soleil, la pêche, les amis, la famille... toutes ces bonnes raisons de revenir au Scudo ne valaient sans doute pas, aux yeux de Tino, le plaisir suprême, retrouver la Corse. Mon père nourrissait un amour viscéral pour son pays. Où qu'il se trouvât, son tour de chant comportait toujours au moins deux chansons en corse. Pendant longtemps, ce furent *La Complainte corse* de Roger Luchesi et *O Mamma*, du même auteur. Tino appelait sa mère O Mamma et, après sa mort, il ne voulut jamais plus interpréter cette chanson.

Tino, il faut le savoir, ne s'est jamais fait payer pour chanter devant ses compatriotes. Soit ses galas en Corse étaient gratuits, soit le prix des places était intégralement reversé à une cause. « A une époque, je m'occupais de l'ACA, le club de football ajaccien, explique Antoine Federici. L'année où nous avions réussi à monter en 1re division, nous avons tapé un peu tout le monde car nous avions besoin d'argent. Spontanément, ton père m'a proposé de faire un gala dont la recette irait au club ! »

De tels exemples abondent. Pourtant, après 1973, Tino ne s'est plus produit dans son île. « Ici, j'ai toujours chanté bénévolement, expliquera-t-il durant l'été 1982 à un journaliste. Je constate qu'on engage des artistes à coups de millions ! Et je vous fais remarquer que personne ne m'a plus rien demandé. Ils s'imaginent peut-être que moi, à mon âge, je doive dire : " Je veux chanter ! " »

Mon père « encombrait » par sa stature et en même temps il était vénéré. « Lors d'une promenade estivale, nous étions montés avec ton père et Félix Marouani dans l'arrière-pays, raconte Loïe. En arrivant dans un village, les gens ont reconnu Tino et se sont précipités vers lui comme si c'était le pape. Puis ils nous ont offert du saucisson et des boissons de la même manière qu'ils auraient apporté des présents à la Sainte Vierge ! Une autre fois, nous revenions de la pêche. La partie avait été très mauvaise et nous n'avions presque rien. En arrivant près d'Ajaccio nous croisons un bateau plein de langoustes. J'étais seul visible, dehors, à ce moment-là. Tino était occupé à l'intérieur du bateau. Je leur demande s'il ne serait pas possible d'avoir deux bestioles. " Impossible, répondent-ils, tout est réservé pour les restaurants de la ville. " Alors je dis à Tino : " Montre un peu ta tête, pour voir ! " Aussitôt, les pêcheurs s'exclament : " Oh, Tino, c'est vous ! " Ils nous ont couverts de langoustes sans nous en faire payer une seule ! »

En 1973, Ajaccio baptisera d'ailleurs l'un de ses boulevards – celui qui longe le Scudo – du nom de Tino Rossi, fait sans précédent en France pour un chanteur vivant. Il faut préciser, cependant, que son ami Pasquini, le maire de L'Ile-Rousse, avait auparavant donné à Tino le nom d'une place de sa cité. En réplique, la ville natale du chanteur ne pouvait pas faire moins que de lui offrir un boulevard.

Tino, lui-même, n'était guère affecté par tout cela. Depuis longtemps il s'était fait sa philosophie, qu'il résumait dans cette maxime bien connue : « Nul n'est prophète en son pays. »

Chapitre IX

UN ENFANT QUI CHANTAIT *

Avant d'aborder la dernière ligne droite de la carrière et de la vie de mon père, il me faut évoquer le chapitre de nos relations. Dans les dernières années, une étroite complicité nous unissait, tant sur le plan privé que sur le plan professionnel. Cette relation, qui faisait l'admiration de notre entourage, n'avait pas toujours été. De violents orages avaient couvé entre nous, ils avaient même fini par provoquer une séparation.

Pourtant, tout avait très bien commencé. A ma naissance, mon père était fou de joie. Il avait déjà une fille, Pierrette, qu'il adorait. Lili, en lui apportant un garçon, le comblait. Comme tous les enfants corses, on me donna le prénom de mon grand-père, Laurent.

J'avais deux ans lorsque mes parents quittèrent Paris pour emménager à Neuilly, plus calme et tout proche du bois de Boulogne où il faisait si bon se promener. Lulu, une nourrice originaire de Saint-Chamas, s'occupait de moi lorsque ma

* T. Rallo, J. Schmitt.

mère était absente. Lili partait souvent, car elle accompagnait son mari dans toutes ses tournées, ayant sacrifié sa propre carrière d'actrice pour mieux servir celle de Tino, à qui elle s'était entièrement dévouée. Avec le recul, je me rends compte à quel point cela m'a profité également. J'ai connu d'autres enfants dont les parents travaillaient dans le spectacle. Mais si le père et la mère poursuivaient chacun une carrière, le fils ou la fille étaient tiraillés entre les deux et ils ne jouissaient pas d'un foyer aussi équilibré que le nôtre. Du reste, cela finissait presque toujours par un divorce.

Mon père était toujours là pour mon anniversaire et pour les fêtes de Noël, que nous passions généralement en compagnie de Loïe et Mireille Milliard. De ses tournées, il ne manquait jamais de me ramener un cadeau, mais je n'étais pas abreuvé de jouets somptueux. Il prenait garde à ne pas me gâter inutilement et voulait m'apprendre le prix des choses.

A la maison, il parlait rarement de son métier, mais à peu à peu, en grandissant, j'ai réalisé que mon père était un homme célèbre. Je me rendais compte, chaque fois qu'il m'emmenait promener dans le Bois, que les gens le reconnaissaient, venaient lui demander des autographes. Alors que j'avais quatre ou cinq ans, il connut un succès énorme avec une chanson intitulée *Tango bleu* que l'on entendait à longueur de journée sur toutes les radios. Ce « matraquage » m'avait frappé. Mais ce que représentait vraiment Tino, je ne l'ai compris que plus tard. Je l'avais suivi pendant quelques jours sur la tournée du *Temps des guitares*, avec un chapiteau du cirque Bouglione. Un soir, après le spectacle, l'amicale des Corses de la ville nous invita à souper. Au restaurant, je remarquai un homme seul au bar qui regardait fixement mon père. Je vis des larmes couler lentement sur ses joues. Il paya ensuite son verre et partit. J'imagine qu'une partie de sa vie avait été profondément marquée par les chansons de Tino. Peut-être même par une seule...

Un autre soir, une femme, dont les enfants étaient restés sous le chapiteau, avait réussi à se faufiler dans la partie technique. Me reconnaissant, elle se précipita sur moi et me pinça jusqu'au sang en criant : « Ton père, je l'ai dans la peau ! » Elle était hystérique et, faute d'avoir pu approcher Tino, elle apaisa ses ardeurs dans les bras de deux monteurs bien costauds. On imagine ce qu'une telle scène pouvait produire sur un gamin de seize ans ! Et pourtant, plus je découvrais l'étendue de la célébrité de mon père, et moins je l'admirais. A la vérité, entre nous les choses commençaient à mal tourner.

Le monde du spectacle dans lequel il évoluait m'intriguait, me fascinait, comme il aurait fasciné n'importe quel autre gosse à ma place. Pendant que *Le Temps des guitares* triomphait à l'ABC, aussi souvent que mes loisirs me le permettaient, je me précipitais au théâtre. Si on me cherchait, on me trouvait le plus souvent dans les loges des danseuses. Un soir, je traînais dans les coulisses. Tino, en sortant de scène, buta sur moi. Au lieu de me sourire, de manifester sa joie de me voir, il m'engueula : « Tu es toujours dans mes pattes ! » lâcha-t-il avec colère. Plutôt que de me trouver sur son chemin, il aurait préféré me savoir à la maison, révisant sagement mes devoirs. Il n'imaginait pas du tout que je puisse, moi aussi un jour, devenir artiste. Il espérait que je réussirais là où il n'avait pas persévéré, dans les études. Il me voyait devenir notaire, avocat ou médecin, certainement pas chanteur. Moi non plus, du reste, à cette époque-là. Je nourrissais plutôt des rêves de théâtre. Une chose est sûre : je ne manifestais pas plus d'appétit pour l'école que lui dans sa jeunesse. Traînant d'un établissement à l'autre, j'avais fini par être renvoyé du lycée Pasteur. « Tu m'as fait la honte ! » me lança-t-il le lendemain matin, tandis qu'il se rasait. En pareil cas, tout autre père aurait dit : « Tu n'as pas honte ? »... seulement j'étais le fils du grand Tino Rossi, alors mes succès ou mes échecs me concernaient moins que les retombées qu'ils occasionnaient sur mon géniteur. Cet épisode, on s'en doute, ne contribua pas à nous rapprocher. Je partis ensuite en Angleterre, où je restai plusieurs mois, sous le prétexte d'apprendre l'anglais. En fait, là-bas, je découvris l'explosion de la pop et du rock (les Beatles et les Stones étaient à leur apogée) et je m'en imprégnai.

Quand je revins en France, mes cheveux me caressaient le bas du dos. A l'aéroport, mon père affecta de ne pas me reconnaître. Dans la voiture, il m'intima de me couper les cheveux au plus vite. Je résistai. Finalement, je décidai de raccourcir leur longueur seulement aux épaules. J'ai conservé cette coupe pendant des années et Tino s'y était habitué au point d'estimer que cela convenait très bien à mon visage, plus émacié qu'aujourd'hui.

Tino me proposa à mon retour d'Angleterre : « Puisque tu es là, veux-tu remplacer l'un de mes éclairagistes qui est malade ? Je chante ce soir aux arènes de Fréjus. » Bien sûr, j'acceptai. Les arènes étaient pleines à craquer, mais ce qui m'étonna encore plus, c'était le nombre de jeunes venus assister au spectacle. Au moment du pot-pourri (*Marinella, Tchi-Tchi*) ce fut du délire. Tout le public y compris les jeunes chantait avec mon père. J'étais sidéré. A la fin du spectacle, il nous fallut l'aide des policiers pour dégager Tino de la foule de ses admirateurs et repartir dans un car de police, exactement comme pour un concert de Johnny !

Cependant, cet intermède n'avait pas réglé l'incompréhension qui gâtait nos rapports. Il m'apparaissait de plus en plus sur un piédestal, froid, distant, inaccessible. On ne trouvait plus trace de tendresse, ni même d'échange, entre nous. Un jour, n'y tenant plus, j'explosai. Devant ma mère, défaite, je l'invectivai et le traitai de tous les noms. Et lui, cueilli à froid, resta sans réponse. « Il est devenu fou ! se contenta-t-il de dire à Lili. Tu as vu comment il me parle ? »

La conséquence logique de cette scène fut une rupture en bonne et due forme. Ma présence n'était plus vraiment souhaitée dans la maison. Ça tombait bien, je n'avais qu'une envie, aller vivre ailleurs. Une semaine plus tard j'emménageai avec une copine dans un studio parisien. Pour me débrouiller j'avais trouvé un emploi de disc-jockey dans une boîte de Saint-Germain-des-Prés.

Je ne me souviens pas combien de temps dura cette séparation. Sans doute plus d'un an. Je n'avais plus aucun rapport avec mon père, mais les ponts n'étaient pas totalement coupés. Comme souvent dans ces cas-là, ma mère s'était débrouillée pour conserver le lien. Elle savait où j'habitais et nous nous téléphonions parfois. Des amis communs entreprirent, patiemment, de renouer les fils distendus et un beau matin l'enfant prodigue réintégra le bercail. L'expérience s'était révélée profitable pour l'un comme pour l'autre. Mon père avait enfin compris que je ne demandais pas grand-chose : exister à ses yeux en tant qu'individu autonome, et non pas en tant que « fils de... ». De mon côté, j'avais réalisé que ce que je prenais pour de la froideur, de l'indifférence, n'était en réalité qu'une immense timidité. L'idole de plusieurs générations, l'homme pour lequel des milliers de femmes auraient vendu leur âme au diable, était resté aussi timide que le jeune Constantin Rossi d'Ajaccio, qui chantait avec succès des sérénades pour ses camarades mais perdait ses moyens quand il était lui-même amoureux.

Malgré sa gloire, jamais il n'eut le culot « de la ramener » comme on dit vulgairement. Sur ce sujet, Henri Bourtayre m'a raconté une histoire incroyable. Un jour, accompagnant Tino, il l'avait vu se faire éconduire dans un restaurant huppé par le chasseur qui ne l'avait pas reconnu et prétendait « que toutes les tables étaient réservées ».

Tino n'insista pas. Ils repartirent, et un peu plus loin entrèrent dans un café. Là, mon père demanda à Henri de téléphoner au restaurant pour demander s'il n'était pas possible d'obtenir une table pour monsieur Tino Rossi. Évidemment, c'était possible. Et quand ils retournèrent à l'établissement, le directeur l'attendait au garde-à-vous devant la porte pour le saluer à son arrivée.

Après mon retour, mon père engagea un précepteur dans le but de me faire passer le bachot. Il s'appelait William Sehror. Il portait une perruque, ce qui amusait beaucoup Tino. Un jour, il s'annonça à lui avant de rentrer dans le salon. Tino lui demanda : « Avec ou sans ? » William se rua dans la pièce et, avec un grand geste théâtral, il lança : « Avec ! »

William était un homme très riche intellectuellement et moralement. Il m'ouvrit l'esprit, m'apprit à réfléchir et surtout il m'aida à me révéler. Depuis l'enfance je baignais dans une atmosphère musicale. Cela allait tellement de soi, à la maison, que je n'avais pas conscience de l'importance que la musique représentait pour moi. Lorsque mon père cherchait de nouvelles chansons, les auteurs qu'il contactait venaient lui présenter leur travail. Moi, je me glissais sous le grand piano à queue du salon pour les écouter. Adolescent, j'avais appris à gratter de la guitare, et la composition m'était venue naturellement. Quand William, qui lui-même écrivait des paroles de chansons, le découvrit, il me proposa de collaborer avec lui. Nous composâmes ainsi une chanson que nous avions baptisée *Une rose*. Il se chargea de la montrer à mon père. La chanson plut à Tino et il l'enregistra sur le disque qu'il préparait.

C'était en 1968. A partir de cette date, nos rapports ont changé du tout au tout. L'année suivante, je participais à l'écriture musicale de sa dernière opérette, *Le Marchand de soleil.* Puis nous n'avons plus cessé de travailler ensemble. Peu à peu, j'étais devenu son « directeur artistique ».

Nous étions marqués, l'un et l'autre, par deux époques différentes. La sienne accordait la primauté à la voix. La mienne privilégiait l'orchestration et les subtilités techniques. Nous trouvions toujours des terrains d'entente et nous nous complétions. Il était heureux de travailler avec moi, de constater que je lui apportais quelque chose, et en particulier une maîtrise de la sonorisation moderne. Pour ma part, j'étais comblé de voir qu'un si grand bonhomme me faisait confiance.

Parallèlement, je menais une carrière en solo. Un peu à la suite d'un pari, j'avais enregistré un premier disque. Il marcha sur la curiosité. Les radios le passaient mais les ventes furent ridicules. Vexé, et ne voulant pas rester sur un échec, je tentai une deuxième expérience. Sans être mirobolant, le résultat fut un peu meilleur, les ventes se hissant à ce qu'on appelle pudiquement « un succès d'estime ».

Le troisième disque explosa. Je me retrouvai numéro 1 avec une chanson intitulée *Jolie baby blue* *. Et puis il y eut l'aventure d'*El Bimbo* **, que je produisis et qui se vendit à plus de dix millions d'exemplaires dans le monde entier. Cette fois, j'étais numéro un partout, y compris aux États-Unis. Mon père en avait retiré une grande fierté. « Vous voyez, répétait-il à ses amis, Laurent,

* Chanson de Claude Morgan et Vlyne Buggy.
** Instrumental de Claude Morgan.

il a fait presque aussi bien que moi avec *Petit Papa Noël.* »

Auparavant, nous avions déjà été sollicités pour chanter en duo, mais, d'un commun accord, nous avions refusé tant que je n'avais pas eu de succès personnel. Le moment était venu. Je produisis le disque moi-même et je commandai la chanson à Jean-Pierre Bourtayre (le fils d'Henri) et à Vlyne Buggy (la fille de Géo Koger, qui écrivit de nombreux succès pour mon père). Ainsi naquit *Chantons ensemble la même chanson* qui nous réunit dans les hit-parades. Désormais, les Rossi père et fils marchaient main dans la main.

Chapitre X

CINQUANTE ANS D'AMOUR *

« Ton père n'a jamais connu un seul passage à vide dans sa carrière. N'oublie pas d'en parler dans ton livre, c'est important. Il n'y a pas beaucoup de chanteurs qui pourraient en dire autant! » Elle a raison d'insister, Andrée Bazinet, car c'est la stricte vérité. En fouinant chez ma mère dans les cartons de photographies et de coupures de presse, je suis tombé sur un *France-Soir* daté de 1970, dans lequel était publié un sondage IFOP concernant « Les chanteuses et les chanteurs préférés des Français ». Tino Rossi (il approchait alors des quarante ans de métier) arrivait numéro 1, devant tout le monde : Brel, Hallyday, Trenet, Brassens – qui, je le précise au passage, était un inconditionnel de mon père : il connaissait toutes ses chansons par cœur –, etc. Tino demeurait l'artiste le plus populaire dans le cœur des Français.

Cinq ans plus tôt, Pathé, sa maison de disques à laquelle il était resté fidèle (la marque Pathé avait

* R. Bernett, B. Bridge.

succédé à Columbia), lui avait adjoint les services d'un attaché de presse, nouveau métier que l'importance prise par les médias, la télévision en particulier, rendait nécessaire. Cet attaché de presse n'était pas un inconnu puisqu'il s'agissait de Roland Gerbeau. Après le fameux pot-pourri de 1938 au cours duquel il reprenait les succès de mon père en ouverture du film *Lumières de Paris*, Roland avait fait une assez jolie carrière parisienne qu'il avait poursuivie en Amérique, à Cuba puis en Espagne. De retour en France au début des années soixante il avait pâti comme tant d'autres de la vague yéyé. Un soir, dînant chez son ami le chef d'orchestre Frank Pourcel, autre vedette de Pathé, Roland lui avait confié : « Je crois que je vais me reconvertir comme courtier d'assurances. – Tu es fou ! avait répondu Pourcel. Ta vocation, c'est les variétés. Je vais te faire entrer chez Pathé. » Pourcel avait tenu sa promesse et Jacques Sclingand, le directeur artistique de la maison à cette époque, avait sauté sur l'occasion : « On cherche quelqu'un pour s'occuper de Tino Rossi ! » « Je suis allé voir Tino tout de suite, raconte Roland, il était en train de répéter pour une émission de télévision, je ne me souviens plus laquelle. Je vais vers lui et je lui annonce : “ Tino, c'est moi qui m'occupe de vous, maintenant. Je viens pour ça. ” Et lui, dans un grand sourire goguenard : “ Mais ça va très bien, tu sais. Si tu n'étais pas venu, ça allait quand même ! ” Je n'en menais pas large ! »

Malgré tout, ils ne se quitteront plus. Roland préparait les rendez-vous de Tino avec les radios, les télés ou la presse écrite. Il le suivait partout, aussi bien dans les studios de la capitale que sur les routes d'Auvergne pendant une semaine, pour l'émission de Danielle Gilbert, *Midi Première*. A cette occasion, je tiens à souligner que mon père a toujours fait, volontairement, un usage modéré de la télévision. En se montrant trop, il aurait eu peur de lasser, comme naguère il s'était effrayé d'entendre si souvent ses disques à la radio au point d'écrire aux stations pour leur demander de moins le diffuser. A la télévision, on ne le vit que pour de grandes occasions. Comme ce *Palmarès de la chanson* tout à fait spécial, organisé par Guy Lux – dont Tino appréciait le professionnalisme – pour ses quarante ans de chanson. Ou encore ce show mémorable du grand Jean-Christophe Averty, *Tino pour toujours*, qui battit tous les records d'audience de l'époque. Après l'émission, Averty confia à quelques journalistes : « En l'approchant, je me suis aperçu qu'il était extrêmement malin, futé et bourré d'humour. On n'est pas Tino Rossi par hasard. » Une anecdote illustre parfaitement ce propos : Joe Dassin n'était pas venu chez Guy Lux pour fêter les quarante ans de chansons de Tino. Peu de temps après, nous tombâmes sur lui dans un restaurant. Joe vint saluer mon père qui lui dit : « Ce n'est pas gentil d'avoir manqué l'anniversaire de mes quarante ans de carrière. Eh bien, vous savez, Joe, je ne viendrai pas aux vôtres ! » Ce soir-là, mon père n'imaginait pas que Joe Dassin allait disparaître avant lui.

Pour sa part, Roland Gerbeau garde de ces dix-sept années de collaboration avec Tino un souvenir délicieux : « C'était formidable de travailler avec ton père. On n'avait jamais de surprise désagréable. Il était d'une rigueur à toute épreuve. En retour, il était aussi exigeant avec les autres qu'il l'était avec lui-même. Quand quelque chose n'allait pas, il savait chanter une autre chanson que *Marinella* ! »

Après sa dernière opérette, *Le Marchand de soleil*, Tino était revenu au tour de chant. Les engagements ne cessaient d'affluer de toute la province. En juin 1976 il s'était produit dans le jardin des Tuileries, à Paris, devant six mille personnes rassemblées sous le chapiteau géant du cirque Jean Richard. Mais pour satisfaire la demande, il avait fallu installer une sonorisation et un écran géant à l'extérieur.

En 1979, Félix Marouani décide de prendre sa retraite (il mourra quelques mois après mon père). L'imprésario des débuts parisiens, l'homme exceptionnel – tant sur le plan du métier que sur le plan privé – qui a suivi pas à pas la carrière de Tino pendant quarante-cinq ans ne laisse cependant pas tomber son « poulain » préféré ; il le confie à son fils Jacques. « Je ne suis pas près d'oublier notre premier rendez-vous, raconte celui-ci. Il m'avait dit : “ Tu viens me prendre devant chez moi demain matin à neuf heures. ” Je suis arrivé dix minutes en retard. “ Il est neuf heures dix ! ” m'a-t-il fait remarquer en montant dans ma voiture. C'était dit sur un ton sans appel. Depuis ce jour-là, j'ai appris à être à l'heure ! »

Tous deux, ils vont prendre la route pendant trois ans, pour la plus longue tournée qu'ait jamais faite mon père. « Nous sommes passés pratiquement dans toutes les villes du pays, se souvient Jacques. A Maubeuge, pour la fête de la bière, Tino s'est produit pendant douze jours consécutifs devant des salles pleines à craquer! Partout, on retrouvait des admiratrices frénétiques qui tentaient de l'approcher pour le toucher. » Son meilleur souvenir se rapporte toutefois au professionnalisme de Tino : « Il m'avait dit, avant de partir et alors que je rédigeais les premiers contrats : " Par respect pour le public on n'annule jamais ! " J'avoue que je ne l'avais pas cru. Il y a parfois des circonstances qui obligent à annuler une représentation. Un soir, justement, ses musiciens avaient eu une panne importante sur leur véhicule et ils n'avaient pas pu nous rejoindre à l'étape. J'ai dit à Tino : " Cette fois nous allons devoir annuler... " Et lui m'a répondu, superbe : " Je t'ai dit qu'on n'annule jamais. Je vais faire un appel au micro. " Effectivement, quand la salle a été remplie, il a expliqué lui-même la situation au public, demandant s'il ne se trouvait pas quelqu'un dans l'assistance capable de l'accompagner à la guitare. Au besoin, il chanterait *a cappella* ! Eh bien, il s'est présenté un bonhomme qui jouait assez bien de la guitare. Il est allé la chercher chez lui et le spectacle a eu lieu quand même ! Dans le public, c'était du délire ! Je ne connais pas *un seul* artiste qui ferait ça aujourd'hui. Tous auraient annulé. »

Le succès ininterrompu de Tino pendant ces trois années prouva qu'il était temps de préparer une grande rentrée parisienne. On la fixa à l'automne 1982. Cinquante ans plus tôt, Tino enregistrait son premier disque. Un bel anniversaire. Il décidait de fêter ses cinquante ans avec son public et il voulait frapper un grand coup. Peu de lieux assez vastes étaient susceptibles de l'accueillir. Un moment, le choix s'arrêta sur le Palais des Congrès, mais Tino trouvait la salle froide, impersonnelle, sans âme. C'est alors que je lui suggérai le Casino de Paris. Puisqu'il s'agissait d'un anniversaire, pourquoi ne pas retrouver la salle de ses débuts parisiens ? Tino, cette fois, fut enthousiasmé.

Pourtant, depuis la folle époque de ses revues à grand spectacle, le Casino a connu des heures moins glorieuses, pour ne pas dire sombres. Ce beau vaisseau du music-hall qui n'avait plus la chance d'avoir un Varna pour le piloter menaçait de sombrer. Plus aucun chanteur ne voulait s'y risquer. Mais Tino n'était pas inquiet. Il savait que son public le suivrait et, plus encore, qu'il serait ému par ce retour aux sources. Sentiment que ne partageait pas totalement sa maison de disques. Ce qui fit dire à mon père : « Tu vois, Laurent, de nos jours, la fidélité ne paie plus... Si c'était à refaire... »

Il avait vu juste. Pendant plus de trois mois (certains parleront après coup des Cent Jours de Tino Rossi) ses noces d'or avec le public vont remplir, soir après soir, la salle du Casino. Le spectacle, baptisé *Cinquante ans d'amour*, mariait les styles de la revue et du tour de chant. Le premier décor reproduisait exactement le tableau corse de 1934.

En première partie, une rétrospective filmée commentée au micro par Tino rappelait les grandes étapes de sa carrière, les revues, le cinéma, les opérettes. Après l'entracte venait le tour de chant proprement dit, avec reprise des succès éternels et nouvelles créations, le tout accompagné d'un grand orchestre et d'une formation de guitaristes conduite de main de maître par le fidèle Antoine Bonelli.

Dès la première représentation, saluée par une formidable ovation de la salle debout, Tino sut qu'il avait gagné son pari par KO. Ce soir-là, il offrit à ses amis un grand souper au Fouquet's qui se prolongea très avant dans la nuit. Rassuré, libéré de l'angoisse qui l'oppressait depuis plusieurs semaines, il laissa libre cours à sa joie et régala l'assistance de refrains chantés *a cappella*. Ce triomphe allait redonner au Casino ses lettres de noblesse et depuis un grand nombre d'artistes s'y produisent.

Trois mois plus tard, le rideau retombait définitivement sur la scène du Casino, tandis que paraissait l'album-souvenir du spectacle, baptisé lui aussi *Cinquante ans d'amour*. Le dernier disque de Tino.

Bien sûr, il était loin de s'en douter, même si, en ce début d'année 1983, lui qui n'avait jamais été malade commençait à se soucier pour sa santé. Fatigue et tension accumulées tout au long de ces trois mois? Si l'on songe qu'il avait fêté ses soixante-quinze ans, la performance – plus de deux heures de scène chaque jour, auxquelles il fallait ajouter une bonne heure de dédicaces dans le hall du Casino – relevait de l'exploit. A plusieurs reprises, d'ailleurs, il avait éprouvé une grande fatigue. Le soir où Minesch Uschiatti et sa femme, de passage à Paris, vinrent l'applaudir, Tino avait prévu de les retrouver, pour souper. Lorsqu'ils le rejoignirent dans sa loge à l'issue de la représentation, il leur annonça qu'il préférait renoncer au rendez-vous, car il ne se sentait pas en forme.

Au début du printemps 1983, le Casino n'est déjà plus qu'un souvenir et en principe Tino a eu largement le temps de récupérer. Pourtant, sa fatigue persistait. Les analyses laissaient alors entrevoir un problème au niveau du pancréas et les médecins décidèrent d'opérer. D'abord, mon père renâcla.

Il ne voulait pas se faire opérer, par crainte de l'inconnu. Finalement, Lili et moi arrivâmes à le décider. Il entra à l'Hôpital américain de Neuilly où les journaux à scandale, aussitôt avertis, sans aucun respect soudoyèrent un infirmier pour raconter l'opération et photographier sa garde-robe !

L'intervention en elle-même se passa sans la moindre complication, mais à son issue le chirurgien me convoqua, avec ma mère, pour nous annoncer qu'il avait trouvé un cancer du pancréas. Une affection relativement rare mais dont l'évolution extrêmement rapide laissait la médecine désarmée. Réalisant que Tino était perdu à brève échéance, nous étions effondrés mais nous décidâmes, d'un commun accord avec le chirurgien, de ne rien dire qui puisse l'alerter sur son véritable état. Pour ma part, le mensonge a été de plus en plus difficile à assumer. Au sortir de l'hôpital Tino montrait sa cicatrice à tous ses amis. Il partit ensuite en convalescence, d'abord quelques jours chez nos amis le marquis et la marquise de Contades, dans leur château de Montgeoffroy. « Tu vois, me dit Tino, la vie de château, ça a du bon ! » Puis dans le Midi. Avec Lili, ils s'arrêtèrent d'abord à Cannes, où ils retrouvèrent Loïe et Mireille Milliard pendant quelques jours. Puis, juin arrivant, ils reprirent, comme si de rien n'était, le chemin du Scudo. Tino, à ce moment-là, était en relativement bonne forme. Comme c'est souvent le cas dans ce genre de maladie, l'opération avait été suivie d'une rémission qui lui redonnait son tonus.

Chaque jour, il se promenait dans le parc de la propriété, flanqué de son inséparable compagnon, Nicky, un grand chien noir qui lui avait été offert par son vieil ami Achille Perretti, le maire de Neuilly. Malgré tout, il continuait à ressentir une extrême fatigue. Pour apaiser ses possibles angoisses, j'eus l'idée de lui « inventer » une sérieuse hépatite avec complications. Ce « leurre », repris par son entourage, faisait-il vraiment illusion, comme nous le pensions à l'époque ? Aujourd'hui, j'en doute. Tandis que je travaillais à ce livre, Cécile Rochiccioli m'a fait une confidence troublante : « Ton père se doutait que par les relations de mon mari j'avais pu être informée de son état exact. En effet, je savais qu'il était condamné à brève échéance, mais, bien sûr, je n'en laissai rien paraître. Cependant, un jour, alors que nous n'étions que tous les deux, il m'a demandé, en parlant des médecins : " Alors, ils m'en donnent pour combien ? " J'ai dévié la conversation et il n'a pas insisté mais pour moi le message était clair, il n'était pas dupe. »

La rémission fut de courte durée. Lors de la

cérémonie du 15 août * à l'hôtel de ville, où je l'accompagnai, il eut un léger malaise.

Début septembre, devant l'aggravation du mal, il fallut prendre une décision. Et s'il commençait à souffrir ? Ma mère, bouleversée, ne savait plus quel parti adopter. Je pris conseil auprès de son chirurgien. Je compris que je n'avais pas d'autre choix que de le rapatrier à Paris, compte tenu de l'arsenal médical dont jouit la capitale et non Ajaccio. C'était le seul moyen de lui éviter des souffrances inutiles. Aussitôt arrivés, j'appelai le professeur Léon Schwartzenberg, que je ne connaissais pas personnellement, mais dont j'avais entendu vanter les mérites. Il se montra d'une humanité exceptionnelle et je tiens à le remercier, encore aujourd'hui. Hélas, médicalement il n'y avait plus rien à tenter. Mon père resta chez lui, boulevard Maillot. Bien qu'alité et très affaibli, il ne souffrait pas. Au soir du lundi 26 septembre il s'assoupit vers 22 h 30. Il mourut une demi-heure plus tard, dans son sommeil, apaisé et serein.

La nouvelle, diffusée le lendemain par l'AFP, fit l'effet d'une bombe. *France-Soir*, sur toute sa une, titra en lettres géantes, au-dessus d'une photo : TINO ROSSI EST MORT. Les radios et les télévisions, y compris CBS, la chaîne américaine, bouleversèrent leurs programmes de la soirée pour lui rendre hommage, tandis que devant son domicile les badauds commençaient d'affluer pour témoi-

* Le 15 août, Ajaccio célèbre l'anniversaire de la naissance de Napoléon.

gner leur sympathie et signer les livres d'or. Tout le pays, maintenant, attendait les obsèques, prévues pour la fin de la semaine : le jeudi, l'hommage des Parisiens à la Madeleine, le vendredi l'hommage de sa terre natale à Ajaccio, avant l'inhumation dans le cimetière des Sanguinaires.

L'organisation de ces obsèques était une lourde tâche. J'étais touché au cœur, comme un animal blessé, et mon oncle Toto m'insufflait assez de courage pour tenir bon dans ces heures difficiles. « Tiens le coup », me disait-il d'Ajaccio au téléphone. Dès la nuit du décès, je compris cependant qu'il me fallait pouvoir compter sur l'aide de quelqu'un de toute confiance. Au petit matin du 27 septembre, je téléphonai donc à Johnny Stark. Il arriva immédiatement, bouleversé. Johnny Stark, aujourd'hui disparu lui aussi, c'était, dans le public, l'homme qui avait « fait » Mireille Mathieu. Mais il était beaucoup plus que cela, un grand seigneur du monde du spectacle, qui avait travaillé avec toutes les vedettes importantes, y compris mon père dont il était devenu un ami personnel. A ses qualités professionnelles il ajoutait, ce qui est rare dans ce milieu, d'immenses qualités humaines. Il se chargea de l'organisation de la Madeleine, tandis que je me réservais la Corse. Son soutien, conjugué à celui de Loïe, me fut très précieux.

Parmi tous ceux qui devaient beaucoup à Tino, un seul s'illustra par son absence. Je pense à un certain compositeur d'opérettes qui ne put « trouver le temps » de venir lui rendre une dernière visite à la maison. Mais par extraordinaire, il trouva le temps le soir même de se pavaner devant les caméras de télévision pour parler du disparu, faisant au passage la promotion de son prochain spectacle. De tels comportements s'oublient difficilement et se pardonnent encore moins.

Le jeudi matin, avant le début de la cérémonie, M. et Mme Gaston Defferre (c'est lui qui l'avait décoré de la croix de chevalier de Légion d'honneur en 1949 et encore en 1982, quand il devint commandeur *) vinrent se recueillir. Puis le convoi s'ébranla à travers les rues de Neuilly. Tout au long, une foule immense s'était massée depuis l'aube sur les trottoirs derrière une haie impressionnante de policiers au garde-à-vous, comme s'ils assistaient au passage d'un chef d'État. Le convoi descendit les Champs-Élysées et fit une halte devant le Fouquet's. Devenu dans les années soixante-dix propriété de la famille Casanova, qui lui a redonné son lustre d'antan, le célèbre établissement a pris soin de perpétuer la tradition qui a fait sa renommée : la photo de mon père trône au-dessus du bar, à côté de celle de Raimu .

Après cet arrêt émouvant, le convoi repartit jusqu'à sa destination finale. La place de la Madeleine était noire de monde. A l'intérieur de l'église, se trouvaient rassemblés les grands noms du spectacle et de la politique, mais aussi de nombreux admirateurs anonymes. *Petit Papa Noël* retentit lorsque le cercueil de mon père entra

* En 1976, le général de Boissieu le décora de la croix d'officier de la Légion d'honneur, sous la présidence de Valéry Giscard d'Estaing.

dans l'église. Puis, pendant la messe, le grand trompettiste Maurice André interpréta avec tout son cœur l'*Ave Maria* de Schubert. L'après-midi, la foule put défiler devant le cercueil pour un ultime hommage. Puis la dépouille fut placée dans la crypte, en attente du lendemain.

J'avais affrété un boeing pour conduire en Corse le corps de mon père et ses amis qui souhaitaient assister à l'inhumation. Un tel voyage aurait dû se passer sans encombres mais c'était compter sans les caprices du ciel. Une tempête terrible se déchaîna, qui interdit l'atterrissage à Campo dell'Oro, malgré les tentatives désespérées du pilote qui savait que tous les officiels de l'île attendaient à l'aéroport. Dans l'avion, c'était la panique, on était au bord du crash et cette histoire tragi-comique était devenue l'événement de la journée. Pratiquement quart d'heure par quart d'heure, les radios et les télévisions se faisaient l'écho de notre odyssée. Finalement, le pilote se résolut à se détourner sur Bastia où nous atterrîmes en début d'après-midi. A la sortie de l'avion, assailli par les journalistes, je leur déclarai : « C'est la dernière blague de mon père. Il a voulu traverser sa Corse une dernière fois. » Il fallut remettre l'inhumation au lendemain, et le convoi composé d'un corbillard et d'une file de taxis réquisitionnés pour la circonstance traversa l'île afin de rallier Ajaccio en fin de journée. Malgré le mauvais temps, des femmes et des enfants lançaient des fleurs sur notre passage. En arrivant à Ajaccio, un soleil radieux et un arc-en-ciel nous attendaient.

Le cercueil de mon père fut exposé à l'hôtel de

ville où la famille et ses proches le veillèrent une bonne partie de la nuit. Une multitude d'Ajacciens vint s'y recueillir. Vers deux heures du matin, mon cousin me dit : « Je pense qu'il faut rentrer. Demain sera une dure journée. Et puis les seuls qui peuvent venir à cette heure-ci ce sont *i briaci* (les ivrognes). » A peine avait-il fini sa phrase que quelqu'un entra en titubant, présenta ses condoléances et embrassa un ami qu'il avait pris pour moi. Un fou rire s'empara de nous tous, comme c'est souvent le cas quand les nerfs sont mis à rude épreuve.

Le lendemain, tout Ajaccio était dans les rues pour saluer Tino une dernière fois. Les commerçants avaient baissé leur rideau en signe de deuil et l'affliction se lisait sur tous les visages. C'était plus que l'hommage d'une ville, l'hommage d'un peuple, soudé pour l'un des siens.

Depuis dix ans maintenant, mon père repose dans une chapelle très simple du cimetière marin des Sanguinaires. Cette chapelle, il l'a dessinée lui-même. « Un jour, raconte Marie-Jeanne, Tino et Lili me téléphonent : " On va faire une promenade sur les hauteurs de Nice, si tu veux on t'emmène. " En fait, ton père avait eu l'adresse d'une carrière où il pourrait choisir la pierre de son tombeau et il voulait mon avis. Tu parles d'une promenade! Quand il a eu choisi, il a demandé au graveur d'inscrire simplement " Famille Rossi ". Quel fada! Des Rossi, il y en a à ne plus savoir les compter, en Corse! C'est moi qui lui ai fait mettre " Famille Tino Rossi ". Il fallait pouvoir l'identifier, car je me doutais bien qu'après sa mort sa tombe deviendrait un lieu de pèlerinage. »

En effet, chaque été, des milliers de touristes se pressent dans le cimetière marin pour venir se recueillir devant la chapelle de mon père. Ma mère, qui revient chaque été au Scudo, comme autrefois, n'a pas oublié son chagrin : « Depuis la disparition de Tino, je vis seule entourée de mes souvenirs et mes pensées vont vers ce grand bonheur perdu. Tino avait la passion de la beauté, des jolies choses, du travail bien fait. C'était un homme qui possédait l'élégance du quotidien. Il me manque énormément. »

A moi aussi, bien sûr, il me manque. J'avais perdu non seulement un père que j'adorais mais aussi celui qui était devenu mon ami. L'image que je garde de lui est celle de ce jeune homme de soixante-quinze ans qui – après la première du Casino – chante jusqu'à l'aube pour ses amis au Fouquet's.

J'eus beaucoup de mal à retourner au Scudo car j'y sentais sa présence partout. Je m'attendais à le voir sortir de sa chambre et me lancer : « Alors, jeune homme ? », comme il le faisait souvent. Heureusement, j'ai ma femme, Catherine et mes deux enfants. Mon plus grand regret c'est qu'il ne les ait pas connus. Il aurait été si heureux de les voir, et de jouer au grand-père avec eux ! L'aîné, qui va sur ses cinq ans, lui ressemble de manière étonnante. Quand je le vois marcher de dos dans les allées du Scudo je retrouve exactement la démarche de son grand-père. Dans sa chambre, avec sa sono, il écoute les chansons de « Papy Tino », évidemment *Petit Papa Noël*, mais sa préférée, c'est *Marinella*. Il s'appelle Constantin, comme lui.

Trois lettres de Marcel Pagnol à Tino Rossi

MARCEL PAGNOL
CONSUL DU PORTUGAL
A MONACO
2, BOULEVARD D'ITALIE
MONTE-CARLO

Cher beau Eino,

Je pense que tu vas quelquefois au bureau, et que tu es au courant de notre grand succès. Le film sort à Nice le 18, au Hollywood, sur l'écran de verre de Stellini. C'est prodigieux, les gens qui ont vu nos essais poussent des cris d'admiration. Tu n'as jamais rien vu de pareil. Le contrat est signé pour cinq semaines fermes. Je fais des pieds et des mains pour avoir un de ces écrans pour Paris - si on l'installait à l'Ermitage, le film y resterait un an, parceque c'est parfait, indéréglable (je ne comprends pas pourquoi), d'un relief sensationnel. On me dit que tu vas venir te reposer à Cassis. Quand ?

Willy arrive, pour refaire quelques plans muets, qui enlèveront plusieurs taches de notre film. Je te signale que la sérénade est applaudie partout, ainsi deux ruisseaux, le plan de Jacqueline qui s'éveille, Wohin, et ton départ.

L'étranger commence à réclamer. Rien n'est signé, rien n'est vendu. Pour Bruxelles et Genève, je fais préparer des écrans de verre - Avec quelques plans refaits, ce sera un triomphe.

J'ai vu Laurent dans les journaux ; il s'éveille, celui-là ! Ça fera un bon ami pour Frédéric, dans deux ou trois ans. C'est commode d'avoir des amis célèbres. On a de leurs nouvelles par les journaux, et même des photos !.

Je vous embrasse tous les trois

Marcel

Marseille, Jeudi,
Sirènes.

Cher Tino,

Je te fais envoyer mon journal, avec une très belle couverture. C'est moi qui l'ai choisie, pour faire plaisir à mon ami. Elle plaît à tout le monde, et j'en suis très fier.

Je sais que ton film a eu des malheurs mécaniques. J'ai fait ce que j'ai pu pour le dépanner, mais je ne pouvais pas grand' chose : je n'ai plus de pièces de rechange, et j'ai peur de fermer bientôt.

J'ai vu Brives, qui m'a donné tes conditions pour Si j'étais Roi. Bien entendu, je les accepte. Mais je n'ai absolument rien signé avec lui, parceque j'ignore tout de lui. Est-il ton agent ?

L'as-tu chargé de cette affaire ? Pourquoi faudrait-il, entre toi et moi, un agent ? Pour me présenter à toi, ou pour te présenter à moi ?

J'attends, de la Société des Auteurs, une huitième ou dixième signature des héritiers de "si j'étais Roi". J'en ai déjà tout un paquet, mais il en manque, paraît-il. En principe, nous tournerions fin Octobre, et Marc Allégret, qui a du goût, ferait la mise en scène sous ma direction. Quand viens-tu ? Ne va pas à Paris.

Josette et moi, qui sommes les plus beaux, nous embrassons affectueusement les deux autres plus beaux.

Ton ami,

Marcel

r mot)

On me dit que Jules, qui doit
tourner un film intitulé Mistral,
veut faire mettre dans son contrat
"que ce film ne serait pas tourné
aux studios Pagnol". Il a expliqué
sa décision en disant que dans
ces studios, il n'y avait que des
cons". Comme il a raison!
~~Est-ce~~ qu'il ~~ne~~ faut pas être ~~une~~
vrai bande de cons pour faire
tourner Marius, Fanny, César,
Brotonneau, le Boulanger et
le Puisatier à un saligaud
de son espèce, pour le servir
comme nous l'avons servi, avec
tout le dévouement de l'amitié?
Je n'ai aucune pitié pour nous
tous : ~~celui~~ ceux qui ~~sert~~ servent un méchant
homme ~~est~~ sont sûrement plus cons que lui.
. Il a raison. (il faut crier le derni

Au moment de fermer ma lettre, je reçois quatre pages de Raimu : c'est une lettre d'amitié, il me fait du charme, il écrit avec ta voix. Il est certainement sincère – ou presque sincèrement. Je retire donc, à la page précédente, les mots de "saligaud" et de "méchant homme", qu'il méritait tout à l'heure, mais qu'il ne mérite plus. A la place de saligaud, nous mettrons "individu" et au lieu de "méchant homme", disons simplement "emmerdeur".

Marcel

Je m'aperçois que j'ai écrit sur un papier déjà crayonné de notes.

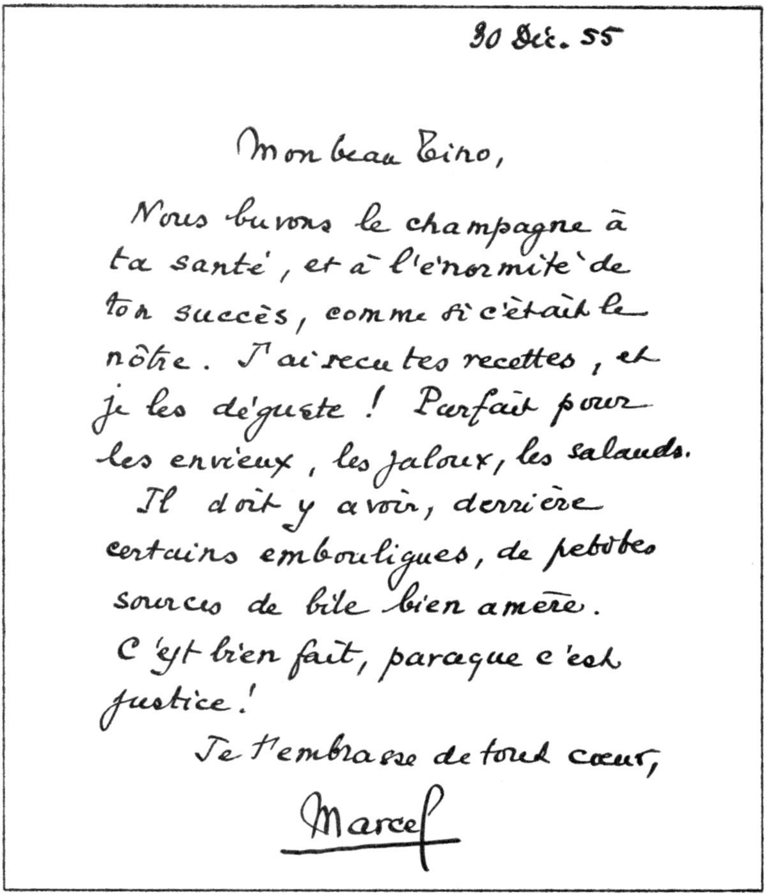

30 Déc. 55

Mon beau Ciro,

Nous buvons le champagne à ta santé, et à l'énormité de ton succès, comme si c'était le nôtre. J'ai reçu tes recettes, et je les déguste ! Parfait pour les envieux, les jaloux, les salauds.

Il doit y avoir, derrière certains embouligues, de petites sources de bile bien amère.

C'est bien fait, parceque c'est justice !

Je t'embrasse de tout cœur,

Marcel

Filmographie

JUSTIN DE MARSEILLE

Réalisation : Maurice Tourneur 1934
Scénario et dialogues : Carlo Rim
Musique : Vincent Scotto
Distribution : Milly Mathis – Pierre Larquey – Aimos – Paul Amiot.

Synopsis : Justin dirige une bande de trafiquants de drogue mais il est aimé et estimé de tous parce qu'il protège les faibles. Son plus grand ennemi est Esposito, chef d'une bande de gangsters, qu'il finit par tuer. Puis tranquillement il parle d'amour à la jeune fille qu'il a sauvée de la mort.

Tino n'apparaît pas à l'écran, mais on l'entend chanter *Premier amour* (jamais enregistré). Il prête sa voix au pêcheur au clair de lune.

L'AFFAIRE COQUELET

Réalisation : Jean Gourguet 1934
Scénario et dialogues : Jean Périne
Distribution : Alice Tissot – Vivian Grey – Robert Le Vigan.

Synopsis : Collectionneur de jarretières historiques, M. Coquelet s'aperçoit qu'on lui a volé sa pièce la plus précieuse. Gendarmerie et police municipale sont alertées. Le voleur est découvert, ce n'était qu'un jeune chat malicieux.

On voit Tino à l'écran : il a un petit rôle de secrétaire de commissaire de police et il chante *La Petite Ville*.

LES NUITS MOSCOVITES

Réalisation : Alexis Granowsky 1934
Scénario : Hermann Kosterlitz, d'après le roman de Pierre Benoit
Distribution : Annabella – Harry Baur – Pierre-Richard Willm – Paul Escoffier.

Synopsis : Un marchand de blé et un jeune officier sont tous deux amoureux d'une jeune fille à Moscou en 1916. C'est la guerre, et une espionne essaie de tirer parti des faiblesses de l'officier. Convaincu de trahison, il est cependant sauvé par le marchand brutal mais honnête qui, resté seul, s'enivre avec les tsiganes.

On voit Tino à l'écran : habillé en tsigane, il chante *Nuits moscovites*.

LA CINQUIÈME EMPREINTE

Réalisation : Karl Anton 1934
Scénario : Léopold Marchand
Distribution : Alice Field – Paulette Dubost –

Laurent, le père de Tino, assis au café avec ses amis.

Collège Fesch. Tino au milieu du premier rang.

Avec ses parents, Laurent et Eugénie.

A 18 ans.

Chasseur alpin,
avec « Toto »,
son frère
(à droite).

1936, au temps
du borsalino.

1941.

Janvier 1936.
Avec ses guitaristes.
A gauche, Paul Bozzi.

1939. A Cannes.

1937.

1938. Retour des États-Unis. Avec Félix Marouani, à gauche.

Mars 1943. Le déjeuner des orphelins de Paris.

Avec Mireille Balin. *Naples au baiser de feu.*

1937. *Naples au baiser de feu.*

1936. *Au son des guitares.*

1941. *Le soleil a toujours raison.* Avec Micheline Presle.

1943. *Le chant de l'exilé.*
Avec Lilia Vetti.

1955. Avec Lili.

1936, avec Charles Pélissier, le champion cycliste

Marseille, 1940.
Avec Marie-Jeanne.

En souvenir de ma
visite à Montreal
Tino Rossi
Janvier 38

Avec Laurent.

1982. Avec Laurent au Scudo.

1982. Laurent, Lili, Tino et Pierrette au Fouquet's.
Première du Casino de Paris.

1980. Avec Jean Ambrosi, au Scudo.
Le jour de l'inauguration du boulevard Tino Rossi.

Jeanne Fusier-Gir – Jean Max – Pierre Larquey – Abel Jacquin – Paul Amiot – Robert Goupil.

Synopsis : Un homme jeune et riche est trouvé assassiné dans son appartement. Tout semble indiquer que le meurtre a été commis par une visiteuse inconnue dont on a relevé le passage mais que l'on n'a pas pu identifier. Plusieurs pistes se greffent sur la principale qui mène à la femme d'un avocat très connu.

On ne voit pas Tino mais il chante *Du fond du cœur*.

ADÉMAÏ AU MOYEN ÂGE

Réalisation : Jean de Marguenat 1935
Scénario et dialogues : Paul Colline
Distribution : Suzy Vernon – Marguerite Pierry – Noël-Noël – Michel Simon – Raymond Cordy.

Synopsis : Vers la fin de la guerre de Cent Ans, Adémaï est un pauvre manant auquel son seigneur a ravi sa jeune et jolie femme. Adémaï tombe de calamité en calamité : condamné à la pendaison, puis à la noyade, il est définitivement abandonné par sa belle, mais toujours courageux, il se console aisément.

Tino a un petit rôle de troubadour et il chante *La Chanson du troubadour* (jamais enregistrée).

MARSEILLE (documentaire) 1935

Tino n'apparaît pas à l'écran mais il chante *Pour t'avoir au clair de lune*, chanson qu'il reprendra dans le film *Marinella*. Il chante aussi *Mais on ne se voit pas.*

VOGUE MON CŒUR

Réalisation : Jacques Daroy 1935
Scénario : Robert Chauvelot
Musique : Maurice Yvain
Distribution : Nicole Vattier - Alice Tissot - René Lefèvre.

Synopsis : Jim, le fils du richissime Lord Ashbury, s'intéresse à Ginette qui, en disputes perpétuelles avec sa marâtre, vient lui demander son aide. Il l'invite à une croisière en Méditerranée, ils s'aiment, mais Ginette, craignant que Jim ne croie qu'elle aspire à sa fortune, refuse de l'épouser. Le flegmatique Lord Ashbury vient à bout de son entêtement.

Tino n'apparaît pas à l'écran, mais il y chante *Vogue mon cœur.*

MARINELLA

Réalisation : Pierre Caron mars 1936
Scénario et dialogues : René Pujol
Musique : Vincent Scotto

Distribution : Tino Rossi (Tino) – Yvette Lebon – Jeanne Fusier-Gir – Marcya Capri – Cinda Glenn – Madeleine Gérome – Ginette Darey – Jany Laferrière – Marthe Sarbel – Pierre Juvenet – Spadolini – Christian Duvaleix – Georges Flateau – Julien Carette – Raymond Cordy – Édouard Rousseau – Paul Demange – Georges Marceau – Philippe Derevel.

Chansons interprétées : Marinella – Tchi-Tchi – J'aime les femmes, c'est ma folie – Laissez-moi vous aimer.

Synopsis : Tino, un talentueux décorateur, devient vedette après avoir remplacé au pied levé un chanteur malade. Il s'éprend d'une dactylo qui devient elle aussi vedette sans que Tino le sache, car elle est la mystérieuse chanteuse masquée. Ils se dupent gentiment mais finissent par s'entendre et par se marier.

AU SON DES GUITARES

Réalisation : Pierre-Jean Ducis novembre 1936
Scénario, adaptation et dialogues : Yves Mirande
Musique : Vincent Scotto
Distribution : Tino Rossi (Jeannot) – Nita Raya – Monique Rolland – Lucette Méryl – Hedda Grane – Paul Azaïs – Paul Pauley – Pierre Stéphen – Charles Lemontier.

Chansons interprétées : Bella Ragazzina – Loin des guitares – Chanson pour ma brune – Tant qu'il y aura des étoiles.

Synopsis : Deux jeunes pêcheurs corses quittent leur île pour suivre une brune étrangère qui s'est intéressée à l'un d'eux. Ils échouent à Paris comme chasseurs de boîte de nuit. La belle Parisienne finit par les renvoyer à leur pays natal et à leur fiancée.

NAPLES AU BAISER DE FEU

Réalisation : Augusto Genina novembre 1937
Scénario : Henri Jeanson – Marcel Achard – Ernesto Grassi – d'après le roman d'Auguste Bailly
Dialogues : Henri Jeanson
Musique : Vincent Scotto
Distribution : Tino Rossi (Mario) – Mireille Balin – Viviane Romance – Marie-José – Jeanne Loury – Léda Ginelly – Michel Simon – Marcel Dalio – Joe Alex.

Chansons interprétées : Tarentelle – Tarentella (en italien) – *Écoutez les mandolines – Mia Piccolina – Rien qu'un chant d'amour – O sole mio – Catari, Catari* (*Core n grato,* en napolitain) – *Santa Lucia* (en napolitain) – *Marechiare* (non enregistrée) – *Mandolina al chiar di Luna* (en napolitain).

Synopsis : Mario chante dans un restaurant napolitain. Il est fiancé avec Assunta. Une jeune aventurière s'éprend de Mario et le bouleverse au point qu'il abandonne Assunta le jour de leur mariage. Mais il comprend vite son erreur et revient vers sa petite fiancée qui pardonne.

LUMIÈRES DE PARIS

Réalisation : Richard Pottier octobre 1938
Scénario : Robert Liebman
Adaptation et dialogues : René Pujol
Musique : Maurice Yvain
Distribution : Tino Rossi (Carlo Ferrari) – Michèle Alfa – Marie Bizet – Conchita Montenegro – Irène Corday – Fignolita – Claire Gérard – Liliane Lesaffre – Les Blue Bell Girls – Raymond Cordy – Doumel – Fred Pasquali – Georges Flateau – Félix Oudart – Julien Carette – Guy Sioux – Raymond Bussières – Riandreys – Frank Maurice.

Chansons interprétées : Au bal de l'amour – Paris, voici Paris – El Danzon – Aux îles d'amour – Ave Maria de Gounod.

Synopsis : Le chanteur à la mode, Carlo Ferrari, esclave de son métier et des parasites, fait un jour une fugue à la campagne. Il fait la connaissance de Renée à qui il cache sa véritable identité. Le manager de Carlo tente de mettre fin à leur idylle, mais en vain.

LE SOLEIL A TOUJOURS RAISON

Réalisation : Pierre Billon juillet 1941
Distribution : Tino Rossi (Tonio) – Micheline Presle – Charles Vanel – Delmont – Germaine Montero – Pierre Brasseur.

Chansons interprétées : Toi que mon cœur appelle – La Chanson du voilier – Le Chant du gardian –

Tu étais la plus belle – Soleil (non enregistrée) – *Quand tu reverras ton village – Dis-lui de ma part.*

Synopsis : Tonio est fiancé. Se laissera-t-il séduire par une gitane ardente, et sa fiancée suivra-t-elle un marchand de tissus ambulant? Non, car un amour sincère ne peut être déçu et la gitane partira avec le marchand de tissus, ce qui arrangera tout, sauf le mari de la fugitive qui est désespéré.

FIÈVRES

Réalisation : Jean Delannoy octobre 1941
Scénario et dialogues : Charles Méré
Distribution : Tino Rossi (Jean Dupray) – Madeleine Sologne – Ginette Leclerc – Jacqueline Delubac – Louvigny – René Génin – Lucien Galas.

Chansons interprétées : Ave Maria de Schubert (en latin) – *Sérénade de don Juan – Maria – Ma ritournelle – Un soir... Une nuit – O sacrum convivium* (Largo de Haendel, en latin).

Synopsis : Un jeune homme blessé par une femme au cours d'une querelle saute le mur d'un monastère pour échapper aux gendarmes. Au religieux qui le cache, il déclare son intention de se venger. Celui-ci, pour donner plus de poids à ses conseils de sagesse, lui raconte la vie mouvementée d'un religieux de la maison qui était dans le monde un célèbre chanteur. Le récit terminé, le jeune homme comprend la leçon et s'éloigne apaisé.

LE CHANT DE L'EXILÉ

Mise en scène : André Hugon mai 1943
Distribution : Tino Rossi (Ramon) – Lucien Gallas – Aimé Clariond – Gaby Andreu – Maurice Baquet – Lilia Vetti – Ginette Leclerc.

Chansons interprétées : Paquita– Ma belle étoile – Le Vagabond fleuri – Ce matin même – Dans le chemin du retour (non enregistrée).

Synopsis : Un exilé basque part seul dans les sables du Sahara, prêt à épuiser ses forces dans des travaux « impériaux » pour la grandeur de son pays...

MON AMOUR EST PRÈS DE TOI

Mise en scène : Richard Pottier octobre 1943
Distribution : Tino Rossi (Jacques Marton) – Jean Rigaut – Jean Tissier – Paul Azaïs – Mona Goya – Annie France – Delmont.

Chansons interprétées : Quel beau jour, mon amour – Quand on est marinier – J'ai deux mots dans mon cœur – Madame la nuit.

Synopsis : Aventure d'un chanteur en vogue qui, frappé d'amnésie, mène une nouvelle vie dans un milieu qui n'est pas le sien ; puis, retrouvant la mémoire, il ne se souvient plus de ce qui lui est arrivé pendant sa fatigue. Le flirt qu'il a ébauché verra cependant son heureuse conclusion.

L'ÎLE D'AMOUR

Mise en scène : Maurice Cam juin 1944
Distribution : Tino Rossi (Bicchi) – Jocelyne Gaël – Louvigny – Charpin – Delmont – Lilia Vetti – Sylvie – Raphaël Patorni – Michel Vitold.

Chansons interprétées : Mon île d'amour – Tendre Sérénade – Le Joyeux Bandit – Complainte corse.

Synopsis : Une riche héritière en vacances en Corse s'éprend d'un gars du pays qui lui rend son amour. Mais cette idylle se terminera tragiquement, le Corse étant victime d'une vendetta.

SÉRÉNADE AUX NUAGES

Mise en scène : André Cayatte et Richard Pottier mars 1945
Distribution : Tino Rossi (Sylvio) – Jacqueline Gauthier – Jacques Louvigny – Noël Roquevert – Maximilienne – Pierre Larquey – Paul Demange.

Chansons interprétées : Chanson aux nuages – Tout près de toi qu'il fait bon – Tango d'un soir – Étrange Mélodie.

Synopsis : Pour prendre de vraies vacances, Sylvio, chanteur en vogue, part avec l'état civil de son valet de chambre. Le hasard du voyage le conduit dans un château dont le propriétaire aux abois recherche un trésor enfoui. Sylvio se fait passer pour le neveu du jardinier qui l'héberge. Un jour, son imprésario le rejoint, se faisant passer pour un radiesthésiste attendu. Finalement, Sylvio doit avouer sa véritable identité. Il épousera la jeune fille de la maison, Gracieuse, après avoir renfloué les finances de son futur beau-père.

LE GARDIAN

Réalisation : Jean de Marguenat mai 1946
Adaptation : Pierre Lestringuez, d'après le roman de Jean Aicard *Le Roi de Camargue.*
Distribution : Tino Rossi (Renaud) – Lilia Vetti – Loleh Bellon – Delmont – Catherine Fonteney – Gaston Gabaroche – Jenny Hélia – Raphaël Patorni.

Chansons interprétées : Adieu celle que j'aime – J'ai deux chansons – La belle ouvrez-moi donc – Jamais deux sans trois – Feux de camp – Donne-moi ta lumière (en latin – non enregistrée).

Synopsis : Un gardian de Camargue, Renaud, fiancé à Livette, la fille d'un riche fermier, se laisse envoûter par une bohémienne. Livette meurt d'avoir voulu surprendre les deux amants. Renaud, inconsolable, se jette dans la mer.

DESTINS

Réalisation : Richard Pottier novembre 1946
Scénario et dialogues : Jean-Pierre Feydeau
Distribution : Tino Rossi (André Cartier – Fred Cartier) – Mila Parély – Micheline Francey – Marcelle Géniat – Armand Bernard – Paul Azaïs – Philippe Hersent – Saint-Granier.

Chansons interprétées : Petit Papa Noël – Destin – Y a d' l'amour – A deux pas de mon cœur – Quand reviendra le jour.

Synopsis : Un chanteur en vogue, André, père d'un bambin de quatre ans, se trouve en butte aux difficultés que lui crée son frère jumeau sortant de prison, Fred. Ce dernier poussé par une maîtresse exigeante, Clara, soutire de l'argent à André, puis à la suite d'un refus enlève l'enfant. Mais mesurant son ignominie, Fred rend le bambin, demande pardon à son frère et lui fait part de son intention de ne plus faire parler de lui.

LE CHANTEUR INCONNU

Réalisation : André Cayatte avril 1947
Scénario : Henri Diamant-Berger
Dialogues : André Tabet
Distribution : Tino Rossi (Julien Montel) – Lilia Vetti – Raymond Bussières – Lucien Nat – Maria Mauban – Charles Deschamps – Erico Braga – Jacqueline Dumonceau.

Chansons interprétées : Angelina – Aubade du roi d'Ys – Tout le long des rues – Tristesse – Tout bleu – Loin de ton cœur – Linda la belle (non enregistrée) – *Sérénade à la bise.*

Synopsis : Le célèbre chanteur Julien Montel a jadis disparu en mer au cours d'une traversée. Sa veuve, Renée, a depuis épousé Max. Or Julien a gagné la côte mais, frappé d'amnésie, il vit sous le nom de Paolo. Un imprésario l'entendant chanter dans un modeste cinéma ambulant engage le jeune homme pour Radio Monte-Carlo. Et là, tandis que sur la scène de l'Opéra la mémoire revient à Julien Montel, sa voix portée par les ondes impressionne étrangement Renée. Celle-ci se précipite à Monte-Carlo. Max n'ayant pas réussi à la dissuader de ce voyage tente de tuer Julien une seconde fois – n'est-ce pas lui qui l'avait jeté pardessus bord? – mais Renée devance son geste et le tue. En se sauvant, sachant que Julien ne l'aime plus, elle se fait écraser par une auto.

DEUX AMOURS

Réalisation : Richard Pottier juin 1948
Scénario : Jean-Pierre Feydeau
Adaptation et dialogues : J.-P. Feydeau et Yves Mirande
Distribution : Tino Rossi (Sylvain Vincent et Désiré Vincent) – Simone Valère – Delmont – Sylvie – André Brunot – Jeanne Fusier-Gir – Florencie – Gabriello.

Chansons interprétées : La Marchina – L'amour commande – Heureux le cavalier – Poème – Notre Père qui êtes aux Cieux.

Synopsis : Sylvain est le secrétaire de mairie du petit village provençal de Coursoul. Il est la coqueluche de toutes les filles du pays. Son frère, Désiré, ouvrier menuisier, infirme, aime en secret Toinette, la fille du marchand de bois. Celle-ci s'éprend de Sylvain. Celui-ci, convaincu par le directeur d'un cirque ambulant de l'excellence de sa voix, s'apprête à tout quitter pour suivre sa carrière. Mais Désiré apprend de Toinette qu'elle attend un enfant de Sylvain. Il va en informer son frère qui revient sur sa décision. Mais Désiré partira à sa place, non pour chanter, mais avec son cœur meurtri pour jouer les Paillasse.

LA BELLE MEUNIÈRE

Réalisation : Marcel Pagnol novembre 1948
Mise en scène : Max de Rieux
Musique : Schubert
Adaptation musicale : Tony Aubin
Distribution : Tino Rossi (Schubert) – Jacqueline Pagnol – Lilia Vetti – Raoul Marco – Raphaël Patorni – Suzanne Desprées – Emma Lyonnel – Thérèse Dorny.

Chansons interprétées : Salut du matin – Salut du soir – Merci au ruisseau – Ruisseau de mes amours – En route – Le Cœur fidèle – Inquiétude – Au bord du ruisseau – Les Fleurs méprisées.

Synopsis : Au Tyrol, il y a cent cinquante ans. Le jeune compositeur Schubert erre dans la campagne à la recherche de l'inspiration. Un vallon, un ruisseau, un moulin. Le meunier, joyeux drôle qui prend la vie du bon côté depuis que sa femme l'a abandonné, offre à Schubert de s'installer chez lui. Le jeune homme hésite puis se ravise après avoir aperçu Brigitte, la fille du meunier, en train de se baigner. Schubert se plaît au moulin en compagnie de Brigitte, mais celle-ci lui préfère bientôt le seigneur du village qui la prend pour maîtresse. Schubert repart à l'aventure.

MARLÈNE

Réalisation : Pierre de Hérain août 1949
Scénario : Jean-Paul Le Chanois
Adaptation et dialogues : Norbert Carbonneaux
Distribution : Tino Rossi (Manuel) – Raymond Bussières – Raphaël Patorni – André Valmy – Jacques Castelot – Lussac – Micheline Francey – Lily Fayol – Mathilde Casadessus – Lina Rossi – Pauline Carton – Lilia Vetti – Paul Azaïs – José Artur – Stainval.

Chansons interprétées : Marlène – Mariana – Sérénade sur Paris – Mama.

Synopsis : Lucioni engage Manuel Cecaldi comme chanteur de music-hall. Il est assassiné et Manuel jouera au détective privé avec le secrétaire de Lucioni, Harris. Il découvrira le chef de bande, qui est une femme, commanditaire de la boîte de nuit, et fera la connaissance de Marlène Villers, qu'il aimera.

ENVOI DE FLEURS

Réalisation : Jean Stelli mai 1950
Scénario et dialogues : Charles Exbrayat
Musique : Paul Delmet
Distribution : Tino Rossi (Paul Delmet) – Micheline Francey – Arlette Merry – Jean Brochard – Dinan – André Dumas – André Marnay – Charles Lemontier – Milly Mathis.

Chansons interprétées : Envoi de fleurs – La Petite Église – Une étoile d'amour – Fermons nos rideaux – Mélancolie – Tout simplement – Quand les lilas refleuriront – Vous êtes si jolie.

Synopsis : Paul Delmet chante ses œuvres au Chat noir, à Montmartre. Il fait une escapade en province pour retrouver une admiratrice. Un grand amour naît entre Paul et Suzanne. Mais la maladie l'empêche de répondre à ses lettres et lui fait comprendre qu'il ne peut rendre Suzanne heureuse. Elle insiste, il cède, puis se reprend. D'ailleurs la mort survient et Suzanne, rentrée chez elle, en perd la raison.

PARIS CHANTE TOUJOURS

Comédie musicale 1951
Réalisation : Pierre Montazel
Scénario et dialogues : J. Chabannes et R. Féral
Musique : Raymond Legrand
Distribution : Lucien Baroux – Raymond Souplex – Line Renaud – Georges Ulmer – Yves Montand – Luis Mariano – André Dassary – Édith Piaf – etc.

Synopsis : Le célèbre acteur Clodomir lègue vingt millions à celui de ses deux parents, Gilbert ou Gisèle, qui réunira le plus d'autographes des chanteurs qui se produiront à la télévision dans les heures suivantes. Tino Rossi est évidemment l'un de ces artistes prestigieux.

AU PAYS DU SOLEIL

D'après l'opérette de Vincent Scotto 1951
Réalisation : Maurice de Canonge
Dialogues : R. Sarvil – A. Tabet
Distribution : Tino Rossi (Titin) – Véra Norman – Jacqueline Pierreux – René Sarvil – Georges Tabet – Milly Mathis – Berval – Édouard Delmont – Josette Bertal – Duvallès – Francined – Charles Lemontier – Fortuné aîné.

Chansons interprétées : Miette – La Valse marseillaise – Zou – Un peu d'aïoli – J'ai rêvé d'une fleur – Adieu Venise provençale – Le plus beau tango du monde – Marseille, mon pays.

Synopsis : Titin Olivieri, un brave garçon, aime sincèrement Miette Rizoul, que son père veut faire épouser le riche M. Bouffetranche, lorsque Titin et son ami Chichois perdent leur emploi chez Mme Fougasse. Un trafiquant, Francis, ayant abattu au cours d'un règlement de compte l'Inquiet, pour s'enfuir laisse accuser Titin. Grâce à l'appui de Mado, une entraîneuse qui fut témoin du meurtre, Titin pourra se disculper. Ayant retrouvé un emploi, Titin épousera Miette, Chichois Mme Fougasse, et M. Bouffetranche, magnanime, offrira au milieu de l'allégresse générale le déjeuner de fiançailles dans son « cabanon ».

SON DERNIER NOËL

Réalisation : Jacques Daniel-Norman décembre 1952
Scénario original et adaptation : Jacques Daniel-Norman
Dialogues : Jacques Daniel-Norman et Guy Diamand
Distribution : Tino Rossi (Marc Damiani) – Claude May – Ketty Kerviel – Ch. Clasis – Marie-France – Georges Poujouly – Y. Maloire – G. Tabet – A. Bervil – Delmont – Louis Seigner – Gaston Rey et les petits chanteurs de Saint Laurent.

Chansons interprétées : Petite Étoile de Noël – Line – Bouquet d'amour – Va mon ami, va.

Synopsis : La petite Angèle semble condamnée selon le professeur Valensio. L'enfant sait par une indiscrétion qu'elle risque de mourir avant Noël et que, si elle passe cette date, elle sera sauvée. Tous les voisins décident avec la maman d'organiser une fête de Noël anticipée pour la petite malade. Grâce à l'appui de la radio et du chanteur Marc Damiani, ce plan réussira. Angèle, reprenant espoir, sera sauvée, tandis que des querelles s'apaiseront et que les liens se resserreront entre tous les habitants participant à cette fête.

SI VERSAILLES M'ÉTAIT CONTÉ

Reconstitution historique 1953
Réalisation, scénario et dialogues : Sacha Guitry

Musique : Jean Françaix
Distribution : Jean-Louis Barrault - Bourvil - Pauline Carton - Gino Cervi - Yves Deniaud - Jean Desailly - Jean Marais - Fernand Gravey - Gérard Philipe - Édith Piaf - Orson Welles - etc.

Synopsis : Cette grande fresque bien dans la manière de son auteur est consacrée à la glorification du château de Versailles. Une grande partie des comédiens français s'associe à cet hommage. C'est un jeu de reconnaître dans un petit marquis ou une fille du peuple une grande vedette ordinairement tête d'affiche. Tino Rossi interprète le rôle du gondolier du roi Louis XIV et chante une romance napolitaine, *Fenastra bassa* (non enregistrée).

TOURMENTS

Réalisation : Jacques Daniel-Norman décembre 1953
Scénario original : Pierre Maudru
Adaptation et dialogues : Jacques Daniel-Norman.
Distribution : Tino Rossi (Jacques Duffot) - Blanchette Brunoy - Jacqueline Porel - Charles Deschamps - André Servilange - Louis de Funès - Raymond Cordy - Claudy Chapeland - Renée Corciade - Paul Azaïs - Jean Berton - Jean Dunot.

Chansons interprétées : Bella bella donna - Soir espagnol - La Fête des fleurs - Les fées vont revenir.

Synopsis : Le chanteur Jacques Duffot a abandonné son métier pour plaire à sa femme Anne-

Marie. Le ménage a adopté le petit Jean-Claude. La mère du petit garçon, Simone Rebeira, aidée par un détective privé, tente de reprendre son enfant. Une machination fait croire à Anne-Marie que son mari est le père de Jean-Claude. Désolée, elle quitte le domicile conjugal et Jacques reprend son métier d'artiste. Jean-Claude, désespéré en soupçonnant une partie de la vérité, s'enfuit et manque de se noyer. Il sera sauvé et retrouvera à son chevet celle qu'il considère comme sa vraie maman, tandis que Simone renoncera à ses droits pour assurer le bonheur de son fils.

L'ÂNE DE ZIGLIARA

Réalisation : Jean Canolle 1970
Avec Tino Rossi et Antoine Bonelli.
Tino Rossi y joue son propre personnage et chante *Mon pays*.

Synopsis : Deux villages sont en émoi car un âne est venu brouter le champ de l'un d'eux. Les villageois sont au bord de la dispute. On appelle Tino Rossi comme conseiller. Il décide que l'âne doit choisir lui-même le village où il veut aller. Et l'âne s'en va vers le maquis.

* Nous avons repris la filmographie établie par Gérard Trimbach dans *Tino Rossi*, Éditions Delville, 1978.

Discographie

Observations *

1re colonne : Chiffre dans l'ordre chronologique des enregistrements.

2e colonne : Les titres parus sur compact sont suivis d'un chiffre indiquant le nombre de rééditions.

3e colonne : Numéro d'enregistrement initial.

4e colonne : Date de l'enregistrement.

* Cette discographie a été établie par le Club des Amis de Tino Rossi.

		N° Enreg.	Date Enreg.	Observat.
1	O Ciuciarella (1)	A 138939_2	12.1932	Parlophone
2	Ninni Nanna	A138940_2	12.1932	Parlophone
3	Berceuse (1)	CL 4418	7.1933	
4	Ajacciu Bellu (1)	CL 4419	7.1933	
5	A Rustaghia (1)	CL 4420	7.1933	
6	Canzona di u cucu (1)	CL 4421	7.1933	
7	Célèbre serenata voir aussi n°s 191 et 192	CL 4451	9.1933	Inédit
8	Quand reviendront les hirondelles	CL 4452	9.1933	Inédit
9	Sanguinari	CL 4471_3	10.1933	
10	T'aimer	CL 4474_3	10.1933	
11	Tango de Marie-Lou (5)	CL 4521	11.1933	
12	Viens aimer (1)	CL 4522	11.1933	
13	Quand reviendront les hirondelles	CL 4523	11.1933	
14	Vous qu'avez-vous fait de mon amour? (Refrain) (1)	CL 4535	11.1933	
15	Obsession	CL 4559	12.1933	
16	Demain	CL 4560	12.1933	
17	Loin de moi (C'est toi toujours...)	CL 4646	1.1934	
18	Pourquoi ces larmes?	CL 4647	1.1934	
19	J'ai rêvé d'une fleur (4)	CL 4648	1.1934	
20	Pourquoi seriez-vous si jolie?	CL 4649	1.1934	
21	Veni d'Oousi (1)	CL 4660	1.1934	
22	Aubade du roi d'Ys (Vraiment ma bien-aimée...) (2)	CL 4667	1.1934	
23	Rien (Niente)	CL 4701	2.1934	

		Nº Enreg.	Date Enreg.	Observat.
24	Un soir... pas davantage	CL 4702	2.1934	
25	Finestre (D'une gondole)	CL 4703	2.1934	
26	Parlami d'amore mariu (Le chaland qui passe) (en italien)	CL 4704	2.1934	
27	Un tango pleure (1)	CL 4797	4.1934	
28	Apprenez-moi des mots d'amour	CL 4799	4.1934	
29	Le rêve de Des Grieux (extrait de *Manon*) (2)	CL 4802	4.1934	
30	Près de la cascade	CL 4803_2	4.1934	
31	Valse de l'ombre	CL 4804	4.1934	
32	Parlami d'amore mariu	CL 4805	4.1934	Inédit
33	Finestre	CL 4806	4.1934	Inédit
34	Honeymoon Hotel	CL 4831	4.1934	
35	D'une gondole	CL 4832	4.1934	Inédit
36	Descends sur ma gondole	CL 4833	4.1934	
37	Tu souris	CL 4834	4.1934	
38	Ne t'en va pas	CL 4898	6.1934	
39	Shangaï Lil	CL 4899	6.1934	
40	Du fond du cœur (1)	CL 4946	6.1934	
41	C'était un musicien (1)	CL 4947	6.1934	
42	Vous qu'avez-vous fait de mon amour?	CL 4948_3	6.1934	
43	Pourquoi quand je te dis « je t'aime » (1)	CL 4949	6.1934	
44	L'amour est une étoile (4)	CL 4986	7.1934	

		N° Enreg.	Date Enreg.	Observat.
45	Après toi je n'aurai plus d'amour (3)	CL 4987	7.1934	
46	O Corse jolie (ô Corse île d'amour) (8)	CL 5021	9.1934	
47	Vivons la vie, vivons l'amour	CL 5022_2	9.1934	
48	Si je n'écoutais que mon cœur	CL 5023	9.1934	
49	Vieni, vieni (5)	CL 5024	9.1934	
50	Un baiser de femme sous un ciel de feu	CL 5038	10.1934	
51	C'est ton amour (1)	CL 5039	10.1934	
52	Les nuits moscovites (1)	CL 5068	10.1934	
53	Le chaland qui passe (1)	CL 5069	10.1934	
54	C'est à Capri (2)	CL 5070	10.1934	
55	Tout près de toi	CL 5091	11.1934	
56	Tout mon cœur	CL 5092	11.1934	
57	On n'aime qu'une fois (1)	CL 5093	11.1934	
58	Je voudrais un joli bateau (1)	CL 5094	11.1934	
59	La petite ville (1)	CL 5147	12.1934	
60	Noël en mer (3)	CL 5148	12.1934	
61	Colomba (1)	CL 5149	12.1934	
62	Venise et Bretagne (2)	CL 5150	12.1934	
63	Dans l'ombre du passé	CL 5159	12.1934	
64	Lentement dans la nuit (1)	CL 5181	8.1.1935	
65	Te chérir une nuit (1)	CL 5189	14.1.1935	
66	Lentement dans la nuit	CL 5201	23.1.1935	Inédit

		N° Enreg.	Date Enreg.	Observat.
67	Dans l'ombre du passé	CL 5202	23.1.1935	Inédit
68	Le bonheur n'est plus un rêve	CL 5233	16.2.1935	
69	Retour	CL 5234	16.2.1935	
70	Juanita (1)	CL 5235	16.2.1935	
71	Voulez-vous Lisette?	CL 5242	27.2.1935	
72	Mon rêve est près de vous madame	CL 5243	27.2.1935	
73	Guitare d'amour (4)	CL 5273	15.3.1935	
74	Carioca (1)	CL 5275	20.3.1935	
75	La cucaracha (1)	CL 5276	20.3.1935	
76	Ne me méprise pas	CL 5277	20.3.1935	
77	M'aimes-tu?	CL 5321	15.4.1935	
78	En suivant la rive	CL 5322	15.4.1935	
79	Toi!	CL 5323	15.4.1935	
80	Adieu Hawaii (1)	CL 5324	15.4.1935	
81	Chanson pour Nina (4)	CL 5409	11.6.1935	
82	Pour t'avoir au clair de lune (2)	CL 5410	11.6.1935	
83	D'une gondole	CL 5411	11.6.1935	
84	Il pleut sur la route (2)	CL 5438	1.7.1935	
85	Les fleurs c'est de l'amour (1)	CL 5439	1.7.1935	
86	Des peines d'amour	CL 5440	1.7.1935	
87	Te revoir (1)	CL 5441	1.7.1935	
88	D'une prison	CL 5444	9.7.1935	
89	Paysage (1)	CL 5445	9.7.1935	
90	Vogue mon cœur	CL 5446	10.7.1935	
91	Adieu jolis rêves d'amour	CL 5447_3	10.7.1935	
92	Amapola (2)	CL 5448	10.7.1935	
93	Douce musique	CL 5449_3	10.7.1935	
94	Reviens chérie (1)	CL 5456	26.9.1935	

		N° Enreg.	Date Enreg.	Observat.
95	Vieny Mary (en italien)	CL 5457	26.9.1935	
96	Un violon dans la nuit (1)	CL 5464	1.10.1935	
97	La sérénade à Lena (4)	CL 5465	1.10.1935	
98	Assez de comédie	CL 5466	1.10.1935	
99	Violono tzigano (en italien)	CL 5467	1.10.1935	
100	Laissez-moi vous aimer	CL 5625	29.2.1936	
101	Tchi-Tchi (7)	CL 5626	29.2.1936	
102	Marinella	CL 5627	29.2.1936	Inédit en France
103	J'aime toutes les femmes (J'aime les femmes c'est ma folie)	CL 5628	29.2.36	Inédit
104	Dans le jardin de mes rêves	CL 5641	9.3.1936	Inédit en France
105	Partir un jour (1)	CL 5642	9.3.1936	
106	Voulez-vous madame (1)	CL 5643	9.3.1936	
107	Au-delà des nuages	CL 5644	9.3.1936	
108	Marinella (9)	CL 5653	12.3.1936	
109	J'aime les femmes c'est ma folie (3)	CL 5654	12.3.1936	
110	D'Ajaccio à Bonifacio (1)	CL 5665	25.3.1936	
111	D'un bateau	CL 5666	25.3.1936	
112	Romance de maître Pathelin (3)	CL 5675	1.4.1936	
113	Où voulez-vous aller? (2)	CL 5676	1.4.1936	
114	Colombella (2)	CL 5765	3.6.1936	
115	Le secret de tes caresses (1)	CL 5766$_4$	17.6.1936	
116	Les beaux jours	CL 5780	17.6.1936	

		Nº Enreg.	Date Enreg.	Observat.
117	Elle... rien qu'elle (1)	CL 5781	17.6.1936	
118	Le mur de ton jardin (1)	CL 5782	17.6.1936	
119	Stellina (1)	CL 5783	17.6.1936	
120	Loin des guitares (4)	CL 5855	19.9.1936	
121	Bella ragazzina (3)	CL 5856_3	10.1936	
122	Tant qu'il y aura des étoiles (3)	CL 5857_2	19.9.1936	
123	Chanson pour ma brune (2)	CL 5858	19.9.1936	
1 bis	*pour mémoire*. O Ciuciarella (report du Parlophone 1)	CL 5691		
2 bis	*pour mémoire*. Ninni Nanna (report du Parlophone 2)	CL 5692		
124	Un jour je te dirai (2)	CL 5946	17.11.1936	
125	Dans le jardin de mes rêves (1)	CL 5947	17.11.1936	
126	La chanson du gondolier (1)	CL 5969_2	24.11.1936	
127	Une étoile qui passe	CL 5970	24.11.1936	
128	Romance de Nadir (Je crois entendre encore...) (3) extrait des *Pêcheurs de perles*	CL 5975	2.12.1936	
129	Berceuse de Jocelyn (2)	CL 5976	2.12.1936	
130	Bohémienne aux yeux noirs (2)	CL 5999	15.12.1936	
131	Romance (Peut-être il en est une...) (1)	CL 6000	15.12.1936	

		Nº Enreg.	Date Enreg.	Observat.
132	Rendez-moi mes montagnes	CL 6001	15.12.1936	
133	Grenade mes amours (1)	CL 6017	5.1.1937	
134	Tinouca (1)	CL 6018	5.1.1937	
135	Cueillir vos lèvres	CL 6041_3	27.1.1937	
136	Il existe une blonde	CL 6042	27.1.1937	
137	Good bye Hawaii (en anglais)	CL 6043	27.1.1937	
138	Paname ville d'amour	CL 6066	5.2.1937	
139	Dans mes bras	CL 6067	5.2.1937	
140	Serenade in the night (en anglais) (1)	CL 6068	5.2.1937	
141	Près du feu qui chante (1)	CL 6234	11.6.1937	
142	Prenez-moi pour joujou	CL 6235	11.6.1937	
143	Ce n'est qu'un songe	CL 6236	11.6.1937	
144	Le moulin de Magali (1)	CL 6237_3	11.6.1937	
145	Doux secret d'amour (1)	CL 6243	14.6.1937	
146	Le plus beau refrain de la vie	CL 6244	14.6.1937	
147	Nous irons là-bas (1)	CL 6297	13.7.1937	
148	Le pêcheur de lune	CL 6298	13.7.1937	
149	Tango de rêve (1)	CL 6301	15.7.1937	
150	C'est Paris	CL 6302	15.7.1937	
151	Tzigane joue	CL 6319	20.7.1937	
152	Pour tous chante ma guitare	CL 6320	20.7.1937	
153	Tarentelle (3)	CL 6399_2	14.10.1937	

		Nº Enreg.	Date Enreg.	Observat.
154	Écoutez les mandolines (3)	CL 6400_2	14.10.1937	
155	Tarentella (en italien)	CL 6401	14.10.1937	
156	Mandolinata al chiar di luna (en italien)	CL 6402	14.10.1937	
157	Mia piccolina (1)	CL 6408	15.10.1937	
158	Écoutez les mandolines	CL 6409	15.10.1937	Inédit
159	Rien qu'un chant d'amour (2)	CL 6410	15.10.1937	
160	Paradis du rêve (2)	CL 6420	23.10.1937	
161	Si tu le voulais (2)	CL 6421	23.10.1937	
162	Santa Lucia (en italien) (1)	CL 6422	23.10.1937	
163	Catari... Catari... (en italien) (3)	CL 6423	23.10.1937	
164	Chant d'amour de Tahiti	CL 6425	28.10.1937	
165	Pescadore... Addio l'amore (1)	CL 6426	28.10.1937	
166	J'ai fait le tour du monde	CL 6427	30.10.1937	
167	L'étoile où brille l'amour	CL 6428	30.10.1937	
168	La route	CL 6694	21.4.1938	
169	C'est toujours toi	CL 6695	21.4.1938	
170	Écris-moi (1)	CL 6696	21.4.1938	
171	C'est la valse amoureuse	CL 6697	21.4.1938	
172	Sérénade portugaise (2)	CL 6702	6.5.1938	
173	Soir de pluie (1)	CL 6769	4.7.1938	
174	L'amour est comme une chanson (1)	CL 6770	4.7.1938	
175	J'attendrai (3)	CL 6771	4.7.1938	

		Nº Enreg.	Date Enreg.	Observat.
176	Le bateau des îles	CL 6772	4.7.1938	
177	Bei mir bist du schön	CL 6773	6.7.1938	Inédit
178	Adieu ma vie	CL 6774	6.7.1938	
179	C'est aux îles d'amour	CL 6783_3	7.38 ou 15.11.1938	
180	Paris... Voici Paris (1)	CL 6784_3	7.38 ou 15.11.1938	
181	El danzon	CL 6785_3	7.38 ou 15.11.1938	
182	Au bal de l'amour (2)	CL 6786_3	7.38 ou 15.11.1938	
183	Ave Maria de Gounod (enregistrement différent)	CL 6813_3	13.10.1938	
184	Ave Maria de Gounod (3)	CL 6813	13.10.1938	
185	Ave Maria de Schubert (1)	CL 6814_2	13.10.1938	
186	Reviens (1)	CL 6815	13.10.1938	
187	Reviens	CL 6815_3	13.10.1938	
188	Le temps des cerises	CL 6816_2	13.10.1938	
189	Idéale (2)	CL 6817	20.10.1938	
190	Si vous l'aviez compris	CL 6813_3	20.10.1938	
191	Célèbre serenata (Toselli) (enregistrement différent)	CL 6819	20.10.1938	
192	Célèbre serenata (Toselli) (1)	CL 6819	20.10.1938	
193	O sole mio (enregistrement différent)	CL 6820	20.10.1938	
194	O sole mio (2)	CL 6820	20.10.1938	
195	O mia bella Napoli (1)	CL 6837	15.11.1938	

		N° Enreg.	Date Enreg.	Observat.
196	Vous n'êtes pas venue dimanche	CL 6888	19.12.1938	
197	Bambinella (1)	CL 6974	22.2.1939	
198	De Nice à Monte-Carlo (1)	CL 6975	22.2.1939	
199	La belle conga	CL 6976	22.2.1939	
200	Sérénade sans espoir (1)	CL 7051	1.5.1939	
201	Tristesse (L'ombre s'enfuit) (3)	CL 7052	1.5.1939	
202	Pensée d'automne (2)	CL 7053	1.5.1939	
203	Perche non mami piu (en italien)	CB 9787	5.1939	
204	Canta ancora nella notta (en italien)	CB 9788	5.1939	
205	Le tango de Maria (1)	CL 7114	20.6.1939	
206	Le chemin des amours	CL 7115	20.6.1939	
207	Trois anges sont venus (Noël d'Holmès) (1)	CL 7152	30.11.1939	
208	Minuit chrétiens (Noël d'Adam) (1)	CL 7153_2	30.11.1939	
209	Reginella (2)	CL 7154	30.11.1939	
210	Sérénade près de Mexico (1)	CL 7155	30.11.1939	
211	Giovinella	CL 7161	8.12.1939	
212	Soirs d'Espagne (1)	CL 7162	8.12.1939	
213	Le marin veille sur l'océan	CL 7163	8.12.1939	
214	Sur les ailes de France	CL 7164	8.12.1939	
215	Danger in the waltz (en anglais)	CL 7172	18.12.1939	Inédit en France
216	Le danger de la valse	CL 7173	18.12.1939	

		Nº Enreg.	Date Enreg.	Observat.
217	Somewhere in France with you (en anglais)	CL 7174	18.12.1939	Inédit en France
218	Son cœur est près de vous	CL 7175	18.12.1939	
219	Le chemin de ma belle	CL 7176	18.12.1939	
220	Roses of Picardy (en anglais)	CL 7190	28.12.1939	
221	Roses de Picardie (2)	CL 7191	28.12.1939	
222	Little grey home in the west (en anglais)	CL 7192	28.12.1939	Inédit en France
223	Petite maison grise	CL 7193	28.12.1939	
224	Bel ami	CL 7445_2	11.6.1941	
225	Mon étoile	CL 7446	11.6.1941	
226	La chanson du voilier (1)	CL 7447	11.6.1941	
227	Toi que mon cœur appelle (3)	CL 7448	11.6.1941	
228	Maria (4)	CL 7496	24.9.1941	
229	Ma ritournelle (2)	CL 7497	24.9.1941	
230	Ma ritournelle	CL 7504	11.10.1941	Inédit
231	Dites-lui de ma part	CL 7505	11.10.1941	
232	Un soir... Une nuit (1)	CL 7506	11.10.1941	
233	Quand tu reverras ton village	CL 7542	21.11.1941	
234	Tu étais la plus belle	CL 7543	21.11.1941	
235	Les jours sans ma belle	CL 7544	21.11.1941	
236	Rosita (1)	CL 7545	21.11.1941	
237	O sacrum con vivum (en latin) (1)	CL 7550	26.11.1941	

		N° Enreg.	Date Enreg.	Observat.
238	Ave Maria de Schubert (en latin) (1)	CL 7551	26.11.1941	
239	Sérénade de Gounod (2)	CL 7552_2	26.11.1941	
240	Sérénade de don Juan (de Mozart) (2)	CL 7553	26.11.1941	
241	Le chant du gardian (3)	CL 7607	28.4.1942	
242	C'est un chagrin d'amour (1)	CL 7608	28.4.1942	
243	Fiorella (1)	CL 7609	28.4.1942	
244	Quand je pense à vous	CL 7610	28.4.1942	
245	Les jours sans ma belle	CL 7611	8.5.1942	
246	Credo (2)	CL 7612	8.5.1942	
247	Ma belle étoile	CL 7730	24.3.1943	
248	Le vagabond fleuri (1)	CL 7731	24.3.1943	
249	Paquita (2)	CL 7732	24.3.1943	
250	Ce matin même (1)	CL 7733	24.3.1943	
251	Un bouquet d'étoiles	CL 7785	9.7.1943	
252	L'Ajaccienne	CL 7786	9.7.1943	
253	Donne-moi ton sourire (1)	CL 7787	9.7.1943	
254	La chanson du joli vent	CL 7794	16.7.1943	
255	Bonsoir à la France	CL 7795_2	16.7.1943	
256	Ce n'est plus la même chanson	CL 7796	16.7.1943	
257	J'ai deux mots dans mon cœur (2)	CL 7802	20.7.1943	
258	Madame la nuit	CL 7803	20.7.1943	
259	Quand on est marinier (2)	CL 7804	20.7.1943	
260	Quel beau jour mon amour (1)	CL 7805	20.7.1943	

		Nº Enreg.	Date Enreg.	Observat.
261	Dio vi salvi regina	CL 7855	26.11.1943	
262	Corsica bella (1)	CL 7856	26.11.1943	
263	Tendre sérénade (1)	CL 7880	24.1.1944	
264	Mon île d'amour (2)	CL 7881	24.1.1944	
265	Le joyeux bandit (3)	CL 7882	24.1.1944	
266	Complainte corse (1)	CL 7883	24.1.1944	
267	Je vous aime sans espoir	CL 7898	8.3.1944	Inédit
268	Dans la nuit j'en-tends une chanson	CL 7899	8.3.1944	
269	Si votre cœur vagabonde	CL 7900	8.3.1944	Inédit
270	Bonsoir madame la lune	CL 7917	24.3.1944	Inédit
271	Le biniou	CL 7918	24.3.1944	Inédit
272	Je sais que vous êtes jolie	CL 7919	24.3.1944	Inédit
273	Ruisseau	CL 7920	24.3.1944	Inédit
274	Le pousse-pousse	CL 7921	13.4.1944	
275	Amorcito mio (1)	CL 7922	13.4.1944	
276	Mon église	CL 7923	13.4.1944	
277	Ce soir	CL 7924	13.4.1944	
278	Alcarazas	CL 7925	13.4.1944	
279	Viens (1)	CL 7942	25.4.1944	
280	Amor... amor (2)	CL 8004	10.5.1945	
281	Besame mucho (2)	CL 8005	10.5.1945	
282	Je vivrai seul	CL 8006	10.5.1945	
283	Loin dans l'ombre du passé	CL 8007	10.5.1945	
284	Étrange mélodie	CL 8061_2	11.10.1945	
285	Tout contre toi qu'il fait bon (1)	CL 8062_2	11.10.1945	
286	Chanson aux nuages (3)	CL 8063_2	11.10.1945	

		N° Enreg.	Date Enreg.	Observat.
287	Tango d'un soir (2)	CL 8064	11.10.1945	
288	Le dimanche dans la rue	CL 8135	9.4.1946	
289	Adieu celle que j'aime	CL 8136	9.4.1946	
290	Jamais deux sans trois (1)	CL 8137	9.4.1946	
291	La belle ouvrez-moi donc (1)	CL 8138	10.4.1946	
292	J'ai deux chansons (2)	CL 8139	10.4.1946	
293	Feux de camp	CL 8140	10.4.1946	
294	Au pays de l'amour (1)	CL 8141	10.4.1946	
295	Quand reviendra le jour (1)	CL 8241	6.11.1946	
296	Petit papa Noël (enregistrement différent) voir n° 337	CL 8242_2	6.11.1946	
297	Loin de ton cœur (2)	CL 8243	6.11.1946	
298	A deux pas de mon cœur (1)	CL 8251	8.11.1946	
299	Y a d'l'amour (1)	CL 8252	8.11.1946	
300	Destin (2)	CL 8253	8.11.1946	
301	Angelina (1)	CL 8254	8.11.1946	
302	Tout le long des rues	CL 8255	9.11.1946	
303	Tout bleu	CL 8256	9.11.1946	
304	Sérénade à la brise (1)	CL 8257	9.11.1946	
305	Roman d'amour (1)	CL 8301	4.1.1947	
306	Je vous aime sans espoir (1)	CL 8302	4.1.1947	
307	Si votre cœur vagabonde	CL 8303	4.1.1947	
308	Jardin perdu (1)	CL 8304	4.1.1947	

		Nº Enreg.	Date Enreg.	Observat.
309	Ma petite Hawaïenne	CL 8305	4.1.1947	
310	Nuits d'Argentine (1)	CL 8306	4.1.1947	
311	Dans ton cœur et dans mon cœur (1)	CL 8307	15.1.1947	
312	Quand la guitare chante	CL 8308	15.1.1947	
313	Malika	CL 8309	15.1.1947	
314	Adios mariquita linda	CL 8310	15.1.1947	
315	Pamelita (1)	CL 8311	15.1.1947	
316	Adios Pampa mia (1)	CL 8318	20.1.1947	
317	Mon cœur est au bout du monde	CL 8319	20.1.1947	
318	Sonata	CL 8320	20.1.1947	
319	Sonata (en anglais)	CL 8321	20.1.1947	
320	C'est vous, rien que vous	CL 8322	20.1.1947	
321	Vagabond (Le chant du gardian) (en anglais)	CL 8323	20.1.1947	

ENREGISTRÉ EN ARGENTINE

322	Nini ou Mimi	16.583	8.1947	Inédit en France
323	Adios Pampa mia (en espagnol)	16.584	8.1947	Inédit en France
324	Adios Pampa mia (en français)	16.585	8.1947	Inédit en France
325	Sin palabras (J'attendais trop de vous) (en espagnol)	16.629	8.1947	Inédit en France
326	Yo sole se (en espagnol)	16.630	8.1947	Inédit en France
327	J'attendais trop de vous	16.637	8.1947	Inédit en France

		N° Enreg.	Date Enreg.	Observat.
328	En route	CL 8503	12.2.1948	
329	Au bord du ruisseau	CL 8504	12.2.1948	
330	Le cœur fidèle	CL 8505	12.2.1948	
331	Ruisseau de mes amours (1)	CL 8506	12.2.1948	
332	Salut du matin (1)	CL 8507	13.2.1948	
333	Merci au ruisseau	CL 8508	13.2.1948	
334	Salut du soir (sérénade de Schubert) (1)	CL 8509	13.2.1948	
335	Fleurs méprisées (1)	CL 8510	13.2.1948	
336	Inquiétude (1)	CL 8511	13.2.1948	
337	Petit papa Noël (3)	CL 8526	20.2.1948	Nouvel enregistr.
338	Je rêve aux étoiles	CL 8527	20.2.1948	
339	Heureux le cavalier	CL 8528_2	20.2.1948	
340	Midinettes de Paris	CL 8529	20.2.1948	
341	La Marchina (2)	CL 8554	25.5.1948	
342	L'amour commande (1)	CL 8555	25.5.1948	
343	Poème (1)	CL 8556_2	25.5.1948	
344	Notre Père qui êtes aux Cieux	CL 8557	25.5.1948	
345	La lanterne de San Paoli	CL 8558	25.5.1948	
346	Je vous salue Marie	CL 8608	27.10.1948	
347	La prière du soir	CL 8609	27.10.1948	
348	Femmes que vous êtes jolies	CL 8610	27.10.1948	
349	Plus je vous aime	CL 8632	25.1.1949	
350	Ma guitare et mon cœur	CL 8633	25.1.1949	
351	Sérénade céleste (1)	CL 8634	25.1.1949	
352	La Madona de Sorrento	CL 8635	25.1.1949	
353	Marlène (1)	CL 8708 CPT 7132	28.7.1949	

		N° Enreg.	Date Enreg.	Observat.
354	Sérénade sur Paris (1)	CL 8709 CPT 7133_2	28.7.1949	
355	O mama (1)	CL 8710 CPT 7134	28.7.1949	
356	Mariana (1)	CL 8711 CPT 7135	28.7.1949	
357	Sais-tu?	CL 8727	8.11.1949	
358	Fontaine	CL 8728	8.11.1949	
359	Perfide Vénézia	CL 8729	8.11.1949	
360	Minuit	CL 8730	8.11.1949	
361	Quand les lilas refleuriront (2)	CPT 7328	1.12.1949	
362	Envoi de fleurs (2)	CPT 7329	1.12.1949	
363	Tout simplement (1)	CPT 7330	1.12.1949	
364	Vous êtes si jolie (2)	CPT 7331	1.12.1949	
365	Fermons nos rideaux (1)	CPT 7332	1.12.1949	
366	Est-ce l'amour?	CL 8742	14.12.1949	
367	Le marchand de rêves	CL 8743	14.12.1949	
368	Idylle foraine (1)	CL 8744	14.12.1949	
369	Romance du fond des cours (1)	CL 8745	14.12.1949	
370	Les enfants qui s'aiment	CPT 7384	7.1.1950	
371	La petite église (1)	CPT 7385	7.1.1950	
372	L'étoile d'amour (1)	CPT 7386	7.1.1950	
373	Mélancolie (2)	CPT 7387	7.1.1950	
374	Les feuilles mortes (1)	CPT 7388	7.1.1950	
375	Belle ma belle	CL 8795	6.5.1950	
376	Cerisier rose et pommier blanc (1)	CL 8796	6.5.1950	
377	Supplique	CL 8797	6.5.1950	
378	Sous le ciel bleu de Catari (1)	CL 8813_2	14.6.1950	
379	Trois moissonneurs	CL 8814	14.6.1950	

		N° Enreg.	Date Enreg.	Observat.
380	Une hirondelle	CL 8815	14.6.1950	
381	Mona-Lisa	CPT 7858	6.11.1950	
382	Blondine (1)	CPT 7859	6.11.1950	
383	Ma Corse (1)	CPT 7860	6.11.1950	
384	Ti tengu cara	CPT 7861	6.11.1950	
385	La semaine d'amour (1)	CPT 8098	27.2.1951	
386	N'attends pas mon amour	CPT 8099	27.2.1951	
387	Joli mois de mai	CL 8954	27.2.1951	
388	Chérie sois fidèle (1)	CL 8955	27.2.1951	
389	Bonjour amis	CPT 8184_{22}	4.1951	
390	Les yeux d'Angéline (1)	CPT 8185	4.1951	
391	Mandolino... Mandolino	CL 8980	7.5.1951	
392	Jamais	CL 8981	7.5.1951	
393	Miette – A petits pas – J'ai rêvé d'une fleur?	CL 9049	20.10.1951	Extraits *Au pays du soleil*
394	Adieu Venise provençale – Le plus beau tango du monde – Zou zou zou un peu d'aïoli	CL 9050	20.10.1951	Extraits *Au pays du soleil*
395	Trop jeune	CL 9051	20.10.1951	
396	Jolie pluie d'été	CL 9052	20.10.1951	
397	Tennessee Waltz	CL 9087	27.11.1951	
398	Bretagne	CL 9088	27.11.1951	
399	Marseille... mon pays (1)	CL 9102	27.11.1951	
400	C'était écrit	CL 9103	27.11.1951	
401	Carole (1)	CL 9114	29.1.1952	
402	Si jamais	CL 9115	29.1.1952	
403	Charmaine	CL 9116	29.1.1952	
404	Luna rossa	CL 9117	29.1.1952	
405	C'était écrit	CL 9150	20.3.1952	

		N° Enreg.	Date Enreg.	Observat.
406	Son cœur est amoureux	CL 9151	20.3.1952	
407	Va, mon ami, va	CL 9152	20.3.1952	
408	Sous la pergola	CL 9233	13.6.1952	
409	Vole colombe	CL 9234	13.6.1952	
410	J'ai gardé ta photo	CL 9235	13.6.1952	
411	Merci pour tes fleurs (1)	CL 9236	13.6.1952	
412	Printemps à Rio (1)	CL 9271	15.10.1952	
413	Line	CL 9272	15.10.1952	
414	Il est trop tard	CL 9273	15.10.1952	
415	Bouquet d'amour (1)	CL 9287	24.10.1952	
416	M'aimerez-vous toujours, mon amour?	CL 9288	24.10.1952	
417	Ce beau dimanche-là	CL 9289	24.10.1952	
418	Petite étoile de Noël (2)	CL 9290	24.10.1952	
419	Le bonhomme de neige	CL 9291	24.10.1952	
420	Ma Laurencia	CL 9314	29.11.1952	
421	Tango bleu (2)	CL 9315	29.11.1952	
422	Rosa	CL 9316	29.11.1952	
423	J'ai besoin de toi	CL 9317	29.11.1952	
424	Ton mariage	CL 9354	4.2.1953	
425	L'homme tranquille	CL 9355	4.2.1953	
426	Amore mio (Mon soleil)	CL 9356	4.2.1953	
427	Mouettes sur Sorrente	CL 9357	4.2.1953	
428	La voix de ta chanson	CL 9400	25.3.1953	
429	Ne lui dis jamais	CL 9401	25.3.1953	
430	La petite mule	CL 9402	25.3.1953	
431	La danse à la mode	CL 9403	25.3.1953	

		N° Enreg.	Date Enreg.	Observat.
432	Pour un rêve d'amour	CL 9519	7.7.1953	**Inédit**
433	Moulin Rouge	CL 9520	7.7.1953	
434	Ne laissez pas s'enfuir l'amour	CL 9521	7.7.1953	
435	Madalena	CL 9522	7.7.1953	
436	Moulin Rouge	CL 9533	8.10.1953	
437	Pour un rêve d'amour	CL 9534	8.10.1953	
438	Deux petits chaussons	CL 9535	8.10.1953	
439	Bella bella donna	CL 9591	13.11.1953	
440	Les fées vont revenir (1)	CL 9592	13.11.1953	
441	La fête des fleurs (2)	CL 9593$_{22}$	13.11.1953	
442	La fête des fleurs (enregistrement différent)		13.11.1953	
443	Soir espagnol (1)	CL 9594	13.11.1953	
444	Tango mélodie (1)	CL 9595	19.11.1953	
445	Sur la mer une voile	CL 9596	19.11.1953	
446	Prisonnier d'un beau rêve	CL 9597	19.11.1953	
447	Vous... Vous... Vous	CL 9638	14.1.1954	
448	Mon trésor	CL 9639	14.1.1954	
449	Tant de fois (1)	CL 9640	14.1.1954	
450	Deux amoureux	CL 9641	14.1.1954	
451	Mandoline à Napoli (1)	CL 9649	21.1.1954	
452	Pardonne-moi (1)	CL 9650	21.1.1954	
453	J'ai besoin que tu m'aimes (1)	CL 9651	21.1.1954	
454	Oncle Bill	CL 9652	21.1.1954	
455	Les cigarrières de Barcelone (2)	CL 9653	26.1.1954	
456	Adorable	CL 9654	26.1.1954	

		N° Enreg.	Date Enreg.	Observat.
457	La fête du tabac	CL 9655	26.1.1954	
458	Mon seul ami	CL 9656	26.1.1954	
459	Deux amants	CL 9657	26.1.1954	
460	Linda	CL 9743	9.4.1954	
461	Toutes les mères	CL 9744	9.4.1954	
462	Si le destin nous séparait	CL 9764	8.5.1954	
463	Rose et jasmin (2)	CL 9765	8.5.1954	
464	El patio	CL 9766	8.5.1954	
465	Printemps, tu viens de Corse (1)	CL 9767	8.5.1954	
466	Maria l'amour	CL 9792	24.5.1954	
467	Châteaux en Espagne	CL 9793	24.5.1954	
468	Sérénade méditerranéenne (2)	CL 9794	24.5.1954	
469	Mon ami, mon ami	CL 9795	24.5.1954	
470	Carlotina	CL 9796	26.5.1954	
471	Tu dansais si bien	CL 9797	26.5.1954	
472	Florence (1)	CL 9798	26.5.1954	
473	Téléphonez-moi, chérie	CL 9805	14.6.1954	
474	Jolie mésange (1)	CL 9806	14.6.1954	
475	Ma joie	CL 9807	14.6.1954	
476	Oh! mon papa (1)	CL 9808	14.6.1954	
477	Jolie bruyère	CL 9858	24.9.1954	
478	A quoi penses-tu, mon amour?	CL 9859	24.9.1954	
479	Sais-tu cueillir les roses? (1)	CL 9860	24.9.1954	
480	Sous les ponts de Venise	CL 9861	24.9.1954	
481	J'ai trop aimé	CL 9927	6.12.1954	
482	C'est pour vous	CL 9928	6.12.1954	
483	Retour	CL 9929	6.12.1954	
484	Sauras-tu m'attendre?	CL 9930	6.12.1954	

		Nº Enreg.	Date Enreg.	Observat.
485	Des pays merveilleux	CL 9939	8.12.1954	
486	Y a tant d'amour	CL 9940	8.12.1954	
487	Tango magique (1)	CL 9948	16.12.1954	
488	Cœurs solitaires (1)	CL 9949	16.12.1954	
489	Quand Maria chantait	CL 9950	16.12.1954	
490	Jours bleus	CL 9951	16.12.1954	
491	La Cheribiricocola	CL 9952	16.12.1954	
492	Guitara mia	CL 9953	16.12.1954	
493	Arbres (1)	Bande 1751 MA	12.1954	
494	Plaisir d'amour (1)	Bande 1751 MA	12.1954	
495	Chant indou	Bande 1751 MA	12.1954	
496	Si mes vers avaient des ailes (1)	Bande 1751 MA	12.1954	
497	Si tu le veux (1)	Bande 1752 MA	12.1954	
498	Roses de Picardie	Bande 1752 Ma	12.1954	
499	Un peu d'amour (1)	Bande 1752 MA	12.1954	
500	D'une prison	Bande 1752 MA	12.1954	
501	Si j'avais le bonheur	CL 9983	31.1.1955	
502	Cara mia	CL 9984	31.1.1955	
503	Comme une ombre	CL 9985	31.1.1955	
504	Les fruits de l'été	CL 9996	31.1.1955	
505	Les rayons du soleil	CL 9987	31.1.1955	
506	Va petit enfant	CL 9988	31.1.1955	
507	Piscadore d'Ajaccio (1)	CL 10010	17.2.1955	
508	O signore cosa cé (1)	CL 10011	17.2.1955	
509	O mama	CL 10012	17.2.1955	

		Nº Enreg.	Date Enreg.	Observat.
510	O pescadore d'ell'onda (1)	CL 10013	17.2.1955	
511	O Ciuciarella	probable CL 10014	17.2.1955	
512	Complainte corse (1)	probable CL 10015	17.2.1955	
513	Barcarolle bastiaise (1)	probable CL 10016	17.2.1955	Bande 2306 M 19.10.1955
514	La Tamise et mon jardin (1)	CL 10043	5.3.1955	
515	Tu reviendras	CL 10044	5.3.1955	
516	Le petit mendiant	CL 10045	5.3.1955	
517	Tchi-Tchi ou Tchi	CL 10046	5.3.1955	
518	Johny Guitare	CL 10047	5.3.1955	
519	Prière péruvienne (1)	CL 10048	14.3.1955	
520	Bonjour tristesse	CL 10049	14.3.1955	
521	Les amants de la Belle Étoile	CL 10098	13.5.1955	
522	Piccina bambina	CL 10099	13.5.1955	
523	Trahison	CL 10100	13.5.1955	
524	Saci	CL 10101	13.5.1955	
525	Qui va piano va lontano	CL 10108	26.5.1955	
526	Pastoréo	CL 10109	26.5.1955	
527	Merci monsieur Schubert	CL 10110	26.5.1955	
528	Les fleurs et les fontaines (1)	CL 10111	26.5.1955	
529	Noël blanc (2)	CL 10124	6.7.1955	
530	Noël des petits santons (le) (2)	CL 10125	6.7.1955	
531	Il est né le divin enfant (2)	CL 10126	6.7.1955	
532	Méditerranée (4)	CL 10180	6.7.1955	
533	Méditerranée (Final) (1)	Bande YLX 1337_8	6.7.1955	

		N° Enreg.	Date Enreg.	Observat.
534	Demain c'est dimanche (1)	CL 10181	6.7.1955	
535	Ajaccio (2)	CL 10182 7 XCL 5301	6.7.1955	
536	Vierge Marie (1)	CL 10183 7 XCL 5315	6.7.1955	
537	N'en dis rien à personne (1)	7 XCL 5302	12.12.1955	
538	Tango Méditerranée	7 XCL 5303	12.12.1955	
539	Campanella (1)	7 XCL 5316	31.12.1955	
540	Les muletiers (1)	7 XCL 5317	31.12.1955	
541	Pene di core	CL 10185	5.3.1956	
542	Dimmi perche	CL 10186	5.3.1956	
543	U lamentu di u banditu (1)	CL 10187	9.3.1956	
544	A Rustaghia	CL 10188	9.3.1956	
545	Arrivederci Roma	CL 10189 7 XCL 5341	9.3.1956	
546	Bambina	CL 10190 7 XCL 5342	9.3.1956	
547	Domani	CL 10209 7 XCL 5388	9.3.1956	
548	C'est bon d'aimer	CL 10210 7 XCL 5390	9.3.1956	
549	Concerto d'automne	CL 10222 7 XCL 5429	9.3.1956	
550	Gervaise	CL 10223 7 XCL 5561	9.3.1956	
551	O mon Dieu	CL 10228 7 XCL 5750	9.3.1956	
552	Buenas noches mi amor	CL 10247 7 XCL 5901	9.3.1956	
553	Lazarella	CL 10248 7 XCL 5903	9.3.1956	
554	Scusami	CL 10251 7 XCL 5718	9.3.1956	
555	Cindy	CL 10252 7 XCL 5719	9.3.1956	

		Nº Enreg.	Date Enreg.	Observat.
556	La fête à maman	CL 10253 7 XCL 5748	9.3.1956	
557	Tango d'Italie (1)	7 XCL 5389	1.4.1956	
558	Le ciel est témoin	7 XCL 5391	11.4.1956	
559	Invitation au Baïo	7 XCL 5424	30.4.1956	
560	Je vous aime	7 XCL 5425	30.4.1956	
561	Mon printemps	7 XCL 5426	30.4.1956	
562	Une guitare au clair de lune	7 XCL 5430	15.5.1956	
563	Mensonges de ma vie	7 XCL 5431	15.5.1956	
564	Le village mort	7 XCL 5558	28.9.1956	
565	Petit edelweiss (1)	7 XCL 5559	28.9.1956	
566	Amoureux (1)	7 XCL 5560	28.9.1956	
567	Sérénata (1)	7 XCL 5566_{22}	3.10.1956	
568	Valse	7 XCL 5567	3.10.1956	
569	Une étoile monte	7 XCL 5587	23.10.1956	
570	Père Noël reviendra (1)	7 XCL 5588	23.10.1956	
571	Le Noël des enfants corses (1)	7 XCL 5589	23.10.1956	
572	C'est Noël (1)	7 XCL 5590	23.10.1956	
573	Les coquettes de Porto-Rico (1)	7 XCL 5655	5.12.1956	
574	La vieille maison	7 XCL 5656	5.12.1956	
575	Le secret d'Isabelle	7 XCL 5657	5.12.1956	
576	Poney mon ami	7 XCL 5658	5.12.1956	
577	Chanson du pied léger	7 XCL 5660	15.12.1956	
578	Les roses blanches (1)	7 XCL 5661	15.12.1956	
579	On n'a pas tous les jours vingt ans	7 XCL 5662	15.12.1956	
580	Brune, blonde, rousse ou châtaine	7 XCL 5663	15.12.1956	
581	Le long des rues de Paris	7 XCL 5720	13.3.1957	
582	Quand tu chantes ma guitare	7 XCL 5721	13.3.1957	
583	Évasion	7 XCL 5749	2.4.1957	

		Nº Enreg.	Date Enreg.	Observat.
584	Toi qui veux savoir	7 XCL 5751	2.4.1957	
585	Tu n'as pas très bon caractère	7 XCL 5819	26.6.1957	
586	Accarezzame	7 XCL 5820	26.6.1957	
587	Un jour l'amour	7 XCL 5821	26.6.1957	
588	Beaucoup de caresses	7 XCL 5822	26.6.1957	
589	Mandoline amoureuse (1)	7 XCL 5900	17.10.1957	
590	Toi l'amour	7 XCL 5902	17.10.1957	
591	Hawaii tango (1)	7 XCL 5928	31.10.1957	
592	Italiana (1)	7 XCL 5929	31.10.1957	
593	Te voglio bene tanto, tanto (1)	7 XCL 5942	14.11.1957	
594	Imploration (Prière à San Genaro) (1)	7 XCL 5943	14.11.1957	
595	Chanson napolitaine (1)	7 XCL 5944	14.11.1957	
596	Naples au baiser de feu (2)	7 XCL 5945	14.11.1957	
597	Naples au baiser de feu (final) (1)	Bande 15614 B-10e	14.11.1957	
598	Sérénade pour un ange (1)	7 XCL 5955	15.11.1957	
599	Sans toi (1)	7 XCL 5956	15.11.1957	
600	Costenzella (1)	7 XCL 5957	15.11.1957	
601	Jolie Florence	7 XCL 6018	20.12.1957	
602	Les rues de Napoli (1)	7 XCL 6019	20.12.1957	
603	Venise	7 XCL 6020	20.12.1957	
604	Le bateau de Tahiti	7 XCL 6061	28.1.1958	
605	Reviens, reviens-moi	7 XCL 6062	28.1.1958	
606	Au Venezuela (1)	7 XCL 6079	5.2.1958	
607	Adieu mon bel ami	7 XCL 6080	5.2.1958	
608	Si tu voulais m'aimer	7 XCL 6105	19.2.1958	
609	Ambre	7 XCL 6106	19.2.1958	
610	Le petit tango (1)	7 XCL 6107	19.2.1958	

		Nº Enreg.	Date Enreg.	Observat.
611	Fleur du Japon (1)	7 XCL 6108	19.2.1958	
612	O Bernadette	7 XCL 6172	13.3.1958	
613	Salve Regina	7 XCL 6173	13.3.1958	
614	Primavera	7 XCL 6174	13.3.1958	
615	Parigi Roma	7 XCL 6175	13.3.1958	
616	O mama	7 XCL 6202	2.4.1958	
617	Madre mia	7 XCL 6203	2.4.1958	
618	Paysan mon ami	7 XCL 6237	10.4.1958	
619	Rose d'or	7 XCL 6238	10.4.1958	
620	Corsica	7 XCL 6239	10.4.1958	
621	Héléna	7 XCL 6240	10.4.1958	
622	Je t'aimerai... t'aimerai	7 XCL 6241	10.4.1958	
623	Adieu amour	7 XCL 6258	5.5.1958	
624	Venticello di Roma	7 XCL 6259	5.5.1958	
625	Bon voyage	7 XCL 6260	5.5.1958	
626	Un peu, beaucoup, passionnément	7 XCL 6265	14.5.1958	
627	Dans le bleu du ciel bleu (1)	7 XCL 6266	14.5.1958	
628	Amour, enfant et mandoline	7 XCL 6267	14.5.1958	
629	A Capri (1)	7 XCL 6284	22.5.1958	
630	Du moment qu'on s'aime	7 XCL 6285	22.5.1958	
631	Mes souvenirs	7 XCL 6341	25.6.1958	
632	Portofino (1)	7 XCL 6342	25.6.1958	
633	Mélodie perdue (1)	7 XCL 6342	25.6.1958	
634	Tu es de mon pays	7 XCL 6343	25.6.1958	
635	Merci monsieur Noël (1)	7 XCL 6414	20.10.1958	
636	Le petit ramoneur	7 XCL 6415	20.10.1958	
637	Il faut arriver demain	7 XCL 6416	20.10.1958	
638	Si tu vas à Rio (1)	7 XCL 6430	27.10.1958	
639	Bonjour chérie	7 XCL 6431	27.10.1958	
640	Tu me donnes (Come prima)	7 XCL 6432	27.10.1958	

		Nº Enreg.	Date Enreg.	Observat.
641	Le mariage des jouets	7 XCL 6433	27.10.1958	
642	Pourquoi n'as-tu rien dit	7 XCL 6434	27.10.1958	
643	Guitare et tambourin	7 XCL 6458	3.12.1958	
644	L'eau vive	7 XCL 6459	3.12.1958	
645	Je t'écrirai	7 XCL 6460	8.12.1958	
646	Cœur à cœur	7 XCL 6461	8.12.1958	
647	Maria (en corse)	7 XCL 6504	5.2.1959	
648	Corsica bella	7 XCL 6505	5.2.1959	
649	Porto polo (1)	7 XCL 6506	5.2.1959	
650	Dans mon île d'amour (1)	7 XCL 6507	5.2.1959	
651	Sur la piazetta	7 XCL 6514	13.2.1959	
652	Si Dieu pouvait	7 XCL 6515	13.2.1959	
653	Être ensemble	7 XCL 6516	13.2.1959	
654	Sérénade à Bari (1)	7 XCL 6517	13.2.1959	
655	Ce serait dommage	7 XCL 6518	27.2.1959	
656	Fumée aux yeux	7 XCL 6519	27.2.1959	
657	Le soleil	7 XCL 6520	27.2.1959	
658	Oui, oui, oui, oui	7 XCL 6521	27.2.1959	
659	Ciao, ciao, bambina	7 XCL 6570	22.4.1959	
660	Li per li	7 XCL 6571	22.4.1959	
661	Écris-le-moi	7 XCL 6572	28.4.1959	
662	Mama, cara mama	7 XCL 6573	28.4.1959	
663	La madone d'amour	7 XCL 6599	14.5.1959	
664	Le secret de l'amour	7 XCL 6600	14.5.1959	
665	Passionara	7 XCL 6644	22.6.1959	
666	Ole muchacheros	7 XCL 6645	22.6.1959	
667	Vénus	7 XCL 6646	22.6.1959	
668	Mon amour oublié	7 XCL 6647	22.6.1959	
669	Adieu tristesse	7 XCL 6648	22.6.1959	
670	La chanson d'Orphée	7 XCL 6649	22.6.1959	
671	Canzona di u cucu	7 XCL 6700	22.7.1959	

		N° Enreg.	Date Enreg.	Observat.
672	Sotta lu ponte	7 XCL 6701	22.7.1959	
673	Piscatore d'Ajaccio	7 XCL 6702	22.7.1959	
674	U lió di roccapina	7 XCL 6703	22.7.1959	
675	I mulateri	7 XCL 6704	22.7.1959	
676	Manetta	7 XCL 6705	22.7.1959	
677	Bella natura	7 XCL 6706	22.7.1959	
678	U trenu di Bastia	7 XCL 6707	22.7.1959	
679	O pescadore d'ell'onda			
680	Noël brésilien (Natal) (1)	7 XCL 6754	15.10.1959	
681	Lettre au papa Noël (1)	7 XCL 6755	15.10.1959	
682	Mon noël (1)	7 XCL 6756	15.10.1959	
683	Le petit diable	7 XCL 6757	15.10.1959	
684	Ne joue pas	7 XCL 6791	29.10.1959	
685	Ne joue pas (enregistrement différent)	autre prise	29.10.1959	
686	Rien pour toi	7 XCL 6792	29.10.1959	
687	Les cloches de Lisbonne	7 XCL 6793	29.10.1959	
688	Le monde change	7 XCL 6794	29.10.1959	
689	J'ai envie de t'embrasser	7 XCL 6909	17.12.1959	
690	Clair de lune (1)	7 XCL 6910	17.12.1959	
691	Le tango nous invite	7 XCL 6911	17.12.1959	
692	Jazz tango (1)	7 XCL 6912	17.12.1959	
693	Tom pillibi	7 XCL 7078	4.5.1960	
694	Papa aime maman	7 XCL 7079	4.5.1960	
695	Valentino	7 XCL 7080	4.5.1960	
696	Vieni... vieni... si	7 XCL 7081	4.5.1960	
697	Bons baisers à bientôt	7 XCL 7092	6.5.1960	
698	Romantica	7 XCL 7093	6.5.1960	
699	Au fond des nuits	7 XCL 7094	6.5.1960	
700	Le grand pardon	7 XCL 7095	6.5.1960	

		N° Enreg.	Date Enreg.	Observat.
701	Comme un cygne blanc	7 XCL 7096	6.5.1960	
702	Je sais	7 XCL 7131	25.5.1960	
703	Prière à tes yeux (sur les motifs de La Paloma)	7 XCL 7132	25.5.1960	
704	Paris a le cœur tendre	7 XCL 7133	25.5.1960	
705	L'aventure est belle	7 XCL 7143	1.6.1960	
706	Berceuse de l'enfant noir	7 XCL 7192	11.7.1960	
707	Berceuse de la tortue et du crocodile	7 XCL 7193	11.7.1960	
708	Berceuse de la lune et de l'agneau	7 XCL 7194	11.7.1960	
709	Berceuse des trois épis	7 XCL 7195	11.7.1960	
710	Noël c'est l'amour (2)	7 XCL 7273	12.10.1960	
711	La rose de Noël (2)	7 XCL 7274	12.10.1960	
712	Douce nuit (2)	7 XCL 7275	12.10.1960	
713	Noël sous les tropiques (2)	7 XCL 7276	12.10.1960	
714	Notre concerto	7 XCL 7307	25.10.1960	
715	Les filles du soleil	7 XCL 7308	25.10.1960	
716	Ma chanson est pour toi	7 XCL 7309	25.10.1960	
717	Tu peux	7 XCL 7362	23.11.1960	
718	Demain tout recommencera	7 XCL 7363	23.11.1960	
719	La petite grange	7 XCL 7364	23.11.1960	Duo
720	Maeva	7 XCL 7365	23.11.1960	Duo
721	Romance du passé	7 XCL 7475	2.2.1961	
722	Connais-tu?	7 XCL 7476	2.2.1961	
723	Mon chant d'amour	7 XCL 7477	2.2.1961	
724	Sérénade à Margellina	7 XCL 7478	2.2.1961	

		N° Enreg.	Date Enreg.	Observat.
725	Les jours de notre vie	7 XCL 7496	15.2.1961	
726	Marina viva	7 XCL 7497	15.2.1961	
727	Amour à Naples	7 XCL 7498	15.2.1961	
728	Qu'il est doux	7 XCL 7499	15.2.1961	
729	Pays merveilleux (le)	7 XCL 7548	9.3.1961	
730	L'enfant que j'aime	7 XCL 7549	9.3.1961	
731	Tout le bonheur du monde	7 XCL 7550	9.3.1961	
732	Mattéo	7 XCL 7551	9.3.1961	
733	Plus doucement	7 XCL 7555	21.3.1961	
734	Retour	7 XCL 7556	21.3.1961	
735	Le temps d'un tango	7 XCL 7557	21.3.1961	
736	Une simple carte postale	7 XCL 7558	21.3.1961	
737	Sous le ciel de la Provence	7 XCL 7676	19.6.1961	
738	Enfin les vacances	7 XCL 7677	19.6.1961	
739	Douce nuit de Malaga	7 XCL 7678	19.6.1961	
740	Amour, cigales et farniente	7 XCL 7679	19.6.1961	
741	Pardon pour notre amour	7 XCL 7703	28.9.1961	
742	En plein cœur	7 XCL 7704	28.9.1961	
743	Guitare tango	7 XCL 7705	28.9.1961	
744	Je rêve de Tahiti	7 XCL 7706	28.9.1961	
745	Mon père Noël à moi (1)	7 XCL 7719	17.10.1961	
746	Noël et l'enfant (2)	7 XCL 7720	17.10.1961	
747	Merci Noël (2)	7 XCL 7721	17.10.1961	
748	Mon Noël corse (2)	7 XCL 7722	17.10.1961	
749	Quand je reviens chez moi (2)	7 XCL 7766	6.11.1961	
750	Trois enfants (2)	7 XCL 7767	6.11.1961	
751	Marie Maria (3)	7 XCL 7768	6.11.1961	

		Nº Enreg.	Date Enreg.	Observat.
752	Le plus grand jour (2)	7 XCL 7769	6.11.1961	
753	Minuit chrétiens (1)	7 XCL 7786	23.11.1961	
754	Trois anges sont venus (1)	7 XCL 7787	23.11.1961	
755	Rien	7 XCL 7816	19.12.1961	
756	Faites un beau voyage	7 XCL 7817	19.12.1961	
757	C'est toujours le tango qu'on aime	7 XCL 7818	19.12.1961	
758	Vizzavona	7 XCL 7819	19.12.1961	
759	Tango italiano	7 XCL 7942	9.3.1962	
760	Tu n'es pas un ange	7 XCL 7943	9.3.1962	
761	Les roses blanches de Corfou	7 XCL 7944	9.3.1962	
762	Gondoli-Gondola (en italien)	7 XCL 7945	9.3.1962	
763	Y a qu'une maman	7 XCL 7954	3.4.1962	
764	Souvenez-vous mama	7 XCL 7955	3.4.1962	
765	Maman	7 XCL 7956	3.4.1962	
766	Mama	7 XCL 7957	3.4.1962	
767	Savoir aimer	7 XCL 8110	29.10.1962	
768	Ma rose d'Alsace	7 XCL 8111	29.10.1962	
769	Twist à Napoli	7 XCL 8112	29.10.1962	
770	La Paloma	7 XCL 8113	29.10.1962	
771	Le pinzutu	7 XCL 8114	29.10.1962	
772	Enfants de tous les temps	7 XCL 8119	6.11.1962	
773	Quand j'ai vu passer les cigognes	7 XCL 8120	6.11.1962	
774	Lorsque tu t'endors	7 XCL 8121	6.11.1962	
775	Dans le cœur d'une rose	7 XCL 8122	6.11.1962	
776	Sur un accord de guitare	7 XCL 8207	22.1.1963	

		Nº Enreg.	Date Enreg.	Observat.
777	Si tu m'aimes tant que ça	7 XCL 8225	31.1.1963	
778	Brasilia mon amour	7 XCL 8226	31.1.1963	
779	La cigale	7 XCL 8227	31.1.1963	
780	El Pecador	7 XCL 8228	31.1.1963	
781	Heureusement	7 XCL 8231	5.2.1963	
782	J'avais vingt ans (1re version)	7 XCL 8232	5.2.1963	
783	Amor mon amour my love (1)	7 XCL 8265	18.3.1963	
784	Adios amigo (1)	7 XCL 8391	18.9.1963	
785	Mer et soleil (Le soleil et la mer) (1)	7 XCL 8392	18.9.1963	
786	Le temps des guitares (2)	7 XCL 8393	18.9.1963	
787	Éternelle chanson (1)	7 XCL 8394	18.9.1963	
788	C'est trop beau (1)	7 XCL 8419	30.9.1963	
789	Pesca... pesca (1)	7 XCL 8420	30.9.1963	
790	Mon vrai premier Noël (1)	7 XCL 8507	20.11.1963	
791	Quand minuit sonne (1)	7 XCL 8508	20.11.1963	
792	Bonne nuit	7 XCL 8509	20.11.1963	
793	La vierge à la crèche (1)	7 XCL 8510	20.11.1963	
794	Crépuscule tango	7 XCL 8582	21.1.1964	
795	Reviens mon enfant	7 XCL 8583	21.1.1964	
796	Lune de miel au Portugal	7 XCL 8584	21.1.1964	
797	Maria-Éléna (1)	7 XCL 8585	21.1.1964	
798	C'est à Capri (1)	7 XCL 8774	22.5.1964	
799	Maria (1)	7 XCL 8775	22.5.1964	
800	Marinella	7 XCL 8776	22.5.1964	
801	Vieni... vieni	7 XCL 8777	22.5.1964	

		N° Enreg.	Date Enreg.	Observat.
802	Lamento du prisonnier corse	Bande 752.S2	6.1964	
803	E viva Sampierro	Bande 752.S2	6.1964	
804	La ronde	7 XCL 8911	7.10.1964	
805	Un jour deux enfants	7 XCL 8912	7.10.1964	
806	La plage (La playa)	7 XCL 8913	7.10.1964	
807	Peur de te perdre	7 XCL 8914	7.10.1964	
808	Les yeux de l'amour	7 XCL 9122	30.3.1965	
809	Si tu pleures... si tu chantes	7 XCL 9123	30.3.1965	
810	Tu méritais mieux	7 XCL 9124	30.3.1965	
811	Le printemps sur la colline	7 XCL 9125	30.3.1965	
812	Chem... cheminée	7 XCL 9308	14.10.1965	
813	Jamais personne avant toi	7 XCL 9309	14.10.1965	
814	Clara mon grain de blé	7 XCL 9310	14.10.1965	
815	Dis-moi le vent	7 XCL 9311	14.10.1965	
816	Capri... c'est Paris	7 XCL 9408	27.1.1966	
817	C'est ma prière	7 XCL 9409	27.1.1966	
818	Tous les deux	7 XCL 9410	27.1.1966	
819	O ma mie... ô ma Mireille	7 XCL 9411	27.1.1966	
820	Bye bye bye	7 XCL 9446	11.3.1966	
821	Teresa	7 XCL 9447	11.3.1966	
822	Merci chérie (1)	7 XCL 9448	11.3.1966	
823	Parle-moi d'Ajaccio	7 XCL 9449	11.3.1966	
824	Amore	7 XCL 9506	18.5.1966	
825	Les étoiles de mai	7 XCL 9507	18.5.1966	
826	Le soleil c'est déjà les vacances	7 XCL 9508	18.5.1966	
827	San Miguel	7 XCL 9509	18.5.1966	
828	Dommage, dommage	7 XCL 9609	25.11.1966	

		Nº Enreg.	Date Enreg.	Observat.
829	Paris en colère	7 XCL 9610	25.11.1966	
830	Il faut croire	7 XCL 9611	25.11.1966	
831	Guantanamera	7 XCL 9612	25.11.1966	
832	Bella	7 XCL 9670	27.1.1967	
833	C'est ma chanson	7 XCL 9671	27.1.1967	
834	Sérénade ajaccienne	7 XCL 9672	27.1.1967	
835	Que c'est long un jour	7 XCL 9673	27.1.1967	
836	Le printemps de mon premier amour	7 XCL 9704	17.4.1967	
837	Le lac de Côme	7 XCL 9705	17.4.1967	Inédit
838	L'important c'est la rose	7 XCL 9706	17.4.1967	
839	Quand tu t'en iras	7 XCL 9707	17.4.1967	
840	Ces mots stupides	7 XCL 9720	17.4.1967	Duo
841	Prenons le temps d'aimer (1)	7 XCL 9785	20.10.1967	
842	La dernière valse	7 XCL 9786	20.10.1967	
843	La dernière valse (enregistrement différent)	autre prise	20.10.1967	
844	Tu n'as que vingt ans	7 XCL 9787	20.10.1967	
845	La chapelle au clair de lune	7 XCL 9788	20.10.1967	
846	Jalousie	7 XCL 9793	11/12.1967	
847	Violetta (1)	7 XCL 9794	11/12.1967	
848	Tango bleu	7 XCL 9795	11/12.1967	
849	Le plus beau tango du monde (2)	7 XCL 9796	11/12.1967	
850	Yo no se porque te quiero	7 XCL 9803	11/12.1967	
851	A media luz	7 XCL 9804	11/12.1967	
852	Poema	7 XCL 9805	11/12.1967	
853	Adios muchachos	7 XCL 9806	11/12.1967	
854	La Cumparsita	7 XCL 9807	11/12.1967	
855	Caminito	7 XCL 9808	11/12.1967	

		Nº Enreg.	Date Enreg.	Observat.
856	Adios Pampa mia	7 XCL 9809	11/12.1967	
857	Le tango chinois	7 XCL 9810	11/12.1967	
858	Quand la neige tombe sur les roses	7 XCL 9816	12.1967	
859	Quand la neige tombe sur les roses	7 XCL 9816	12.1967	
860	En suivant l'étoile	7 XCL 9817	12.1967	
861	Souvent je vous vois	7 XCL 9818	12.1967	
862	Quand je lis dans tes yeux	7 XCL 9819	12.1967	
863	Une rose	7 XCL 9855	12.3.1968	
864	Les lilas blancs	7 XCL 9856	12.3.1968	
865	C'est un chant dans mon cœur	7 XCL 9857	12.3.1968	
866	Tu reviendras vers ta maison	7 XCL 9858	12.3.1968	
867	Caminito	enregist. télé	1968	
868	Schönbrunn	7 XCL 9968	7.1968	
869	Le rocher de Sainte-Hélène	7 XCL 9969	7.1968	
870	Partant pour la Syrie	7 XCL 9970	7.1968	
871	Dio vi salve Regina	7 XCL 9971	7.1968	
872	Le rêve passe	7 XCL 9972	7.1968	
873	L'Ajaccienne	7 XCL 9973	7.1968	
874	Parlez-nous de lui	7 XCL 9974	7.1968	
875	La croix porte-bonheur			
876	La roue tourne	7 XCL 9978	1968	
877	Cette nuit-là (2)	7 XCL 9995	18.11.1968	
878	Le Noël des enfants oubliés (2)	7 XCL 9996	18.11.1968	
879	Pour Noël (2)	7 XCL 9997	18.11.1968	
880	Vive le vent (2)	7 XCL 9998	18.11.1968	
881	Papa Natale (en italien) (Petit papa Noël)	7 XCL 9999	18.11.1968	

		N° Enreg.	Date Enreg.	Observat.
882	Papa Natale (en italien – final en français)		18.11.1968	
883	Natale cante (en italien) (Pour Noël)	7 XCL 14006	26.11.1968	
884	Maria souviens-toi	7 XCL 14041	2.1969	
885	Ah! qu'il est doux	7 XCL 14042	2.1969	
886	Parce que tu me quittes	7 XCL 14043	2.1969	
887	Les grands amants	7 XCL 14044	2.1969	
888	Ah! le petit vin blanc	7 XCL 14088	5.1969	
889	Bonne fête papa	7 XCL 14089	5.1969	
890	Mon pays	7 XCL 14090	5.1969	
891	Ne t'en va pas (1)	7 XCL 14091	5.1969	
892	Adieu mon amour (2)	7 XCL 14138	20.10.1969	
893	Il fait beau (1)	7 XCL 14139	20.10.1969	
894	Sous les ponts de Paris (1)	7 XCL 14140	20.10.1969	
895	Le tour du monde (1)	7 XCL 14141	20.10.1969	
896	Les femmes et l'argent (1)	7 XCL 14142	20.10.1969	
897	Le marchand de soleil (1)	7 XCL 14143	20.10.1969	
898	Si j'étais marin (1)	7 XCL 14144	20.10.1969	
899	Dès le premier jour (1)	7 XCL 14145	20.10.1969	
900	Petit papa Noël	7 XCL 14150	20.10.1969	
901	Lorsque le cœur est amoureux	7 XCL 14206	27.5.1970	
902	Les feuilles mortes	7 XCL 14207	29.5.1970	
903	La chanson de Lara	7 XCL 14208	29.5.1970	
904	La mer	7 XCL 14209	29.5.1970	
905	La vie en rose	7 XCL 14210	29.5.1970	
906	Arrivederci Roma (1)	7 XCL 14211	29.5.1970	

		N° Enreg.	Date Enreg.	Observat.
907	Night and day (Nuit et jour)	7 XCL 14212	2.6.1970	Inédit
908	Begin the Beguine (Divine biguine)	7 XCL 14213	2.6.1970	
909	Strangers in the night (Étranger dans la nuit) (1)	7 XCL 14214	2.6.1970	
910	Ramona (1)	7 XCL 14215	3.6.1970	
911	Tico-Tico	7 XCL 14216	3.6.1970	Inédit
912	C'est si bon	7 XCL 14217	3.6.1970	
913	Moulin Rouge	7 XCL 14218	3.6.1970	
914	Le temps des fleurs	7 XCL 14219	8.6.1970	
915	Symphonie	7 XCL 14220	8.6.1970	Inédit
916	Avril au Portugal	7 XCL 14221	8.6.1970	Inédit
917	Quizas, quizas, quizas	7 XCL 14222	8.6.1970	
918	Marinella	7 XCL 14223	8.6.1970	
919	Brazil	7 XCL 14224	8.6.1970	
920	L'étoile filante	7 XCL 14225	8.6.1970	
921	J'attendrai	7 XCL 14241	8.10.1970	
922	Always (Toujours)	7 XCL 14242	8.10.1970	
923	Parlez-moi d'amour (1)	7 XCL 14243	8.10.1970	
924	Yesterday (Je croyais)	7 XCL 14244	8.10.1970	
925	Quelques gouttes de pluie	7 XCL 14252	24.11.1970	
926	L'homme qui se rappelle	7 XCL 14253	24.11.1970	
927	La boudeuse (1)	7 XCL 14254	3.1971	
928	Solenzara (1)	7 XCL 14255	3.1971	
929	O signore cosa cé (1)	7 XCL 14256	3.1971	
930	Ajaccio (1)	7 XCL 14257	3.1971	
931	Barcarolle bastiaise (1)	7 XCL 14258	3.1971	
932	Les fiancés de Sartène (1)	7 XCL 14259	3.1971	

		Nº Enreg.	Date Enreg.	Observat.
933	O Corse jolie (enregistrement différent)	7 XCL 14260	3.1971	Inédit
934	Printemps tu viens de Corse (1)	7 XCL 14261	3.1971	
935	J'avais vingt ans (1)	7 XCL 14263	3.1971	
936	Un songe avant l'aurore (1)	7 XCL 14264	3.1971	
937	Le temps n'a rien changé (1)	7 XCL 14265	3.1971	
938	Mourir d'aimer (1)	7 XCL 14266	3.1971	
939	Love Story (1)	7 XCL 14267	3.1971	
940	Ici (1)	7 XCL 14268	3.1971	
941	Ça c'est Paris	7 XCL 14278	14.5.1971	
942	Sous les toits de Paris	7 XCL 14279	14.5.1971	
943	Mon Paris	7 XCL 14280	14.5.1971	
944	Douce France	7 XCL 14281	14.5.1971	
945	Un jour tu verras	7 XCL 14284	14.5.1971	
946	Pigalle	7 XCL 14285	14.5.1971	
947	La complainte de la Butte	7 XCL 14286	14.5.1971	
948	Le pont Mirabeau	7 XCL 14287	14.5.1971	
949	Fleur de Paris	7 XCL 14288	14.5.1971	
950	J'ai deux amours	7 XCL 14289	14.5.1971	
951	Paris je t'aime	7 XCL 14290	14.5.1971	
952	La Seine	7 XCL 14291	14.5.1971	
953	Cerisier rose et pommier blanc	7 XCL 14296	6.1971	
954	Auprès de ma blonde	7 XCL 14297	6.1971	
955	Ah! que la France est belle	7 XCL 14298	6.1971	
956	Mon cœur est un violon	7 XCL 14299	6.1971	
957	La marche de Sacco et Vanzetti	7 XCL 14300	16.6.1971	
958	Envoi de fleurs	7 XCL 14303	23.6.1971	

		N° Enreg.	Date Enreg.	Observat.
959	Le temps des cerises	7 XCL 14304	23.6.1971	
960	Démons et merveilles	7 XCL 14305	23.6.1971	
961	Absence (1)	7 XCL 14306	10.1971	
962	Le doux caboulot	7 XCL 14307	10.1971	
963	Chanson tendre	7 XCL 14308	10.1971	
964	Premier rendez-vous	7 XCL 14311	10.1971	
965	Le chant du gardian	7 XCL 14312	10.1971	
966	Un homme et une femme	7 XCL 14313	10.1971	
967	Plaisir d'amour	7 XCL 14314	10.1971	
968	Le monde et notre amour (Till)	7 XCL 14317	13.12.1971	
969	L'Aventura	7 XCL 14318	13.12.1971	
970	Une autre ville, un autre jour	7 XCL 14319	13.12.1971	
971	Miette (1)	7 XCL 14322	4.1972	
972	Adieu Venise provençale	7 XCL 14323	4.1972	
973	Cane... Cane... Canebière	7 XCL 14324	4.1972	
974	Au pays du soleil	7 XCL 14325	4.1972	
975	J'ai rêvé d'une fleur	7 XCL 14326	4.1972	
976	J'aime la mer comme une femme	7 XCL 14327	4.1972	
977	Un petit cabanon	7 XCL 14328	4.1972	
978	Le train du mimosa	7 XCL 14329	4.1972	
979	A petits pas	7 XCL 14330	4.1972	
980	Corsica	7 XCL 14331	4.1972	Inédit
981	La marche des Rois Mages (1)	7 XCL 14332	4.1972	
982	Magali	7 XCL 14333	4.1972	

		Nº Enreg.	Date Enreg.	Observat.
983	Il était une fois la Révolution	7 XCL 14334	5.1972	
984	Coupo Santo	7 XCL 14335	5.1972	
985	Le soleil ne se couche jamais	7 XCL 14336	5.1972	
986	Parle plus bas (1)	Bande 2053 S3	8.1972	
987	Donnez-moi des roses	Bande 2056 S1	26.1.1973	
988	Pluie d'été... Soleil d'hiver	Bande 2056 S1	26.1.1973	
989	Maman bonheur	Bande 2086 S1	5.1973	
990	Maman la plus belle du monde	Bande 2086 S1	5.1973	
991	Les millions d'Arlequin (1)	10068	1973	
992	Les oiseaux dans le soir (1)	10069	1973	
993	Tristesse (L'ombre s'enfuit)	10070	1973	
994	Rêve d'amour (1)	10071	1973	
995	Un monde entier (Concerto de Varsovie)	10072	1973	
996	Berceuse de Brahms (1)	10073	1973	
997	Romance de l'Étoile (1)	10074	1973	
998	Élégie (1)	10075	1973	
999	Les berceaux	10076	1973	
1000	Una furtiva lacrima (1)	10077	1973	
1001	Rêverie de Schumann	10078	1973	Inédit
1002	La truite (1)	10093	1973	
1003	Rêverie	10094	1973	
1004	Lettre à Élise (Pour Élise) (1)	10095	1973	

		Nº Enreg.	Date Enreg.	Observat.
1005	Papillon	Bande 5031	1.1974	
1006	Es-tu seule mon amour?	Bande 5031	1.1974	
1007	Chantons l'amour	Bande 2033 S4	5.1974	
1008	Laisse-moi le temps	Bande 2033 S4	5.1974	
1009	Mon beau sapin (2)	Bande 2033 S4	5.1974	
1010	What'll I do (Pour vous)	Bande 2112 S3	10.1974	
1011	Whispering (Murmures)	Bande 2112 S3	10.1974	
1012	Avoir un bon copain	Bande 1976 S2	11.1974	
1013	Hallelujah (Alléluia)	– dº –	– idº –	
1014	Valencia	– dº –	– dº –	
1015	Charmaine	– dº –	– dº –	
1016	Sous les toits de Paris	– dº –	– dº –	
1017	Le chaland qui passe	– dº –	– dº –	
1018	C'est à Capri	– dº –	– dº –	
1019	Il pleut sur la route	– dº –	– dº –	
1020	Ce n'est que votre main, madame	– dº –	– dº –	
1021	Ma chanson païenne	– dº –	– dº –	
1022	Always (Toujours)	– dº –	– dº –	
1023	Fumée aux yeux (Smoke gets in your eyes)	– dº –	– dº –	
1024	Je chante sous la pluie	– dº –	– dº –	
1025	Begin the Beguine (Divine biguine)	– dº –	– dº –	
1026	A Mapola	– dº –	– dº –	

	Nº Enreg.	Date Enreg.	Observat.
1027 La cucaracha	– dº –		
1028 Le tango des fauvettes	– dº –	– dº –	
1029 Dans l'immense Sahara (*Le Sheik*)	– dº –	– dº –	
1030 Ma Louise	– dº –	– dº –	
1031 Bonsoir chérie	– dº –	– dº –	
1032 Nuits de Chine	– dº –	– dº –	
1033 Vous n'avez que moi (My Blue Heaven)	– dº –	– dº –	
1034 Stardust	– dº –	– dº –	
1035 Charleston	– dº –	– dº –	
1036 Chacun son truc (Yes, Sir, That's My Baby)	– dº –	– dº –	
1037 Les gars de la marine			
1038 Je t'ai donné mon cœur (*Le Pays du sourire*) (1)	Bande 2097 S4	6.1975	
1039 Tout nous charme (*Princesse Czardas*) Duo avec Éliane Varon	– dº –	– dº –	
1040 L'heure exquise (*La Veuve joyeuse*)	– dº –	– dº –	
1041 Romance de Camille (*La Veuve joyeuse*)	– dº –	– dº –	
1042 Marche des femmes (*La Veuve joyeuse*)	– dº –	– dº –	
1043 Thé pour deux (*No. no Nanette*) Duo avec Éliane Varon	– dº –	– dº –	

		Nº Enreg.	Date Enreg.	Observat.
1044	Le beau Danube bleu (*Valses de Vienne*)	– dº –	– dº –	
1045	Pour être un jour aimé de toi (*L'Auberge du cheval blanc*)	– dº –	– dº –	
1046	Je vous emmènerai sur mon joli bateau (*L'Auberge du cheval blanc*)	– dº –	– dº –	
1047	Adieu... Adieu... (*L'Auberge du cheval blanc*)	– dº –	– dº –	
1048	L'auberge du cheval blanc (*L'Auberge du cheval blanc*)	– dº –	– dº –	
1049	Chant indien (*Rose-Marie*) Duo avec Éliane Varon	– dº –	– dº –	
1050	Oh! ma Rose-Marie (*Rose-Marie*)	– dº –	– dº –	
1051	C'est l'amour (*Les Saltimbanques*)	– dº –	– dº –	
1052	J'aurais voulu danser (*My Fair Lady*)	– dº –		
1053	C'est magnifique (*Can-Can*)	– dº –	– dº –	
1054	Méditerranée (*Méditerranée*)	– dº –	– dº –	
1055	C'est mieux comme ça	Bande 2096 S4	6.1975	
1056	Mexicali Rose	Bande 2096 S4	6.1975	
1057	Chantons l'amour (1)	Bande 2192 S4	3.1976	

		Nº Enreg.	Date Enreg.	Observat.
1058	Chantons l'amour	autre prise		
1059	Rêve de valse, rêve d'un jour (*Rêve de valse*)	Bande 2196 S1	3.1976	
1060	Ne t'aurais-je qu'une fois (*Frasquita*)	Bande 2196 S1	3.1976	
1061	C'est Paris (*Là-haut*)	Bande 2196 S1	3.1976	
1062	Danse avec moi	Bande 2197 S1	4.1976	
1063	Amor... Amor	Bande 2197 S1	4.1976	
1064	Le dénicheur	Bande 2130 S4	10.1976	
1065	La java bleue	- dº -	- dº -	
1066	Étoile des neiges	- dº -	- dº -	
1067	Sur le plancher des vaches	- dº -	- dº -	
1068	Le plus beau tango du monde	- dº -	- dº -	
1069	J'attendrai	- dº -	- dº -	
1070	J'ai pleuré sur tes pas	- dº -	- dº -	
1071	Violetta	- dº -	- dº -	
1072	Java	- dº -	- dº -	
1073	Une partie de pétanque	- dº -	- dº -	
1074	La plus bath des javas	- dº -	-idº -	
1075	Super Bimbo	- dº -	- dº -	
1076	El Bimbo	- dº -	- dº -	
1077	La balanga	- dº -		
1078	Sombreros et mantilles	- dº -	- dº -	
1079	E viva España	- dº -	- dº -	
1080	El relicario	- dº -	- dº -	
1081	Petite fleur	- dº -	- dº -	

		Nº Enreg.	Date Enreg.	Observat.
1082	Que reste-t-il de nos amours	– dº –	– dº –	
1083	Avril au Portugal	– dº –	– dº –	
1084	La Cumparsita	– dº –	– dº –	
1085	Le tango des fauvettes	– dº –	– dº –	
1086	Baisse un peu l'abat-jour	– dº –	– dº –	
1087	O sole mio	– dº –	– dº –	
1088	La petite valse	– dº –	– dº –	
1089	La valse brune	– dº –	– dº –	
1090	Ça c'est passé un dimanche	– dº –	– dº –	
1091	La romance de Paris	– dº –	– dº –	
1092	Chantons la même chanson (1) (duo avec Laurent Rossi)		11.1976	
1093	Ma dernière chanson sera comme la première (1)		3.1977	
1094	Addio Julietta		3.1977	
1095	La femme de ma vie (1)		1976	
1096	Tant qu'il y aura une chanson d'amour (1)		1976	
1097	Ce soir mon amour (*Violettes impériales*)		1977	
1098	Balalaïka (*Balalaïka*)		1977	
1099	Vienne ô ville exquise		1977	
1100	Bonheur n'est-ce pas toi (*Le Comte de Luxembourg*)		1977	

		N° Enreg.	Date Enreg.	Observat.
1101	To night (Combien de nuits...) (*West Side Story*)		1977	
1102	I love Paris (*Cancan*)		1977	
1103	L'amour est dans ta rue (*My Fair Lady*)		1977	
1104	Sur la route qui va (*Chanson gitane*)		1977	
1105	Tout est permis quand on rêve (*Le Chemin du paradis*)		1977	
1106	Petit papa Noël (avec les Petits Chanteurs de Bondy)	Enregist. Télé	12.1977	
1107	Paris... Voici Paris	Enregist. Télé	12.1977	
1108	Santa Lucia (duo avec Brassens)	Enregist. Télé	12.1977	
1109	Forza Bastia... Forza Corsica		1978	
1110	La vie commence à soixante ans (1)		1978	
1111	Varsovie		1978	
1112	Je ne vous ai jamais oubliée, madame			
1113	Petit papa Noël (duo avec M. Mathieu)	Enregist. Télé	12.1978	
1114	Tous les amoureux du monde (*La Saint-Valentin*) (1)		1979	
1115	Hymne à l'Europe		1979	
1116	Hymne à la joie		1979	

		N° Enreg.	Date Enreg.	Observat.
1117	Le bateau de Tahiti (duo avec Patrick Sébastien)	Enregist. Télé	12.1979	
1118	Venise et Bretagne (duo avec Georges Brassens)	Enregist. Télé	12.1979	
1119	Papa, dis-le-moi (duo avec Laurent Rossi)		1979	
1120	Immaculée Conception		1979	
1121	Toi Notre-Dame		1979	
1122	Je vous salue Marie		1979	
1123	Notre-Dame des Pyrénées		1979	
1124	Ave Maria de Lourdes		1979	
1125	La prière		1979	
1126	Prends mon cœur		1979	
1127	O Bernadette messagère d'amour		1979	
1128	Les temps viendront		1979	
1129	Notre Père		1979	Inédit
1130	Vieux chariot (2)	Enregist. Télé	12.1979	
1131	Minuit chrétiens (1)	Enregist. Télé	12.1979	
1132	Cantenu corsu		1980	
1133	Canzona païsana		1980	
1134	Chanson d'amour		1980	
1135	Griserie		1980	
1136	Si jolie		1980	
1137	Ah! c' qu'on s'aimait		1980	
1138	Je suis seul ce soir		1980	
1139	Ça ne vaut pas l'amour		1980	

		Nº Enreg.	Date Enreg.	Observat.
1140	Il faut s'aimer tendrement		1980	
1141	Je sais que vous êtes jolie		1980	
1142	Fascination		1980	
1143	Un peu d'amour		1980	
1144	Quand l'amour meurt		1980	
1145	Ah! si vous voulez d'amour		1980	
1146	Frou-frou		1980	
1147	J'ai pleuré sur tes pas		1980	
1148	Soufflez les bougies (duo avec Laurent Rossi)		1981	
1149	J'ai toujours chanté des chansons d'amour (1)		1981	
1150	Donne ta tendresse		1981	
1151	Cinquante ans d'amour (1)		1982	
1152	Grand-mère on t'aime		1982	
1153	La guerre des gosses		1982	
1154	Tout me rappelle vous		1982	
1155	La chanson		1982	
1156	Un enfant qui chantait		1982	
1157	Je t'aime comme avant		1982	
1158	Retour au village		1982	
1159	Corsica (1)		1982	
1160	J'aime les femmes c'est ma folie		1982	Extraits

REMERCIEMENTS

Je remercie vivement toutes celles et tous ceux qui m'ont aidé, par leurs témoignages ou leurs documents, à réaliser ce livre :

Marie-Jeanne Ambrosi, Andrée et Maurice Bazinet, André Bernard et Josy Andrieu, Antoine Bonelli, Henri Bourtayre, Antoine Federici, Roland Gerbeau, Robert Manuel, Jacques Marouani, Annie Martin, Loy Milliard, Jean Orsoni, Jacqueline Pagnol, Cécile Rochiccioli, Lilia Rossi, Louis Roucoule, Minesch Usiati.

Ouvrages consultés : *Les Années Pagnol*, éd. Hatier, 1989; *Tino Rossi*, par Christian Delange, éd. PAC, 1985; *Ma vie et mes chansons*, par Tino Rossi, Société française de librairie et d'édition, 1937; *Tino par Tino*, éd. Stock, 1974; *Tino Rossi*, par Gérard Trimbach, éd. Jean-Pierre Delville, 1978; *Tino Rossi*, collection Numéro 1, éd. Louframi, 1983.

INDEX

Cet ouvrage a été réalisé par la
SOCIÉTÉ NOUVELLE FIRMIN-DIDOT
Mesnil-sur-l'Estrée
pour le compte des Éditions Flammarion
en octobre 1993

Imprimé en France
Dépôt légal : septembre 1993
N° d'édition : 14813 – N° d'impression : 25334